蒋伯潜讲国学

经与经学

蒋伯潜　蒋祖怡　著

九州出版社
JIUZHOUPRESS
全国百佳图书出版单位

图书在版编目（CIP）数据

经与经学 / 蒋伯潜，蒋祖怡著. -- 北京 ：九州出版社，2011.1
（蒋伯潜讲国学）
ISBN 978-7-5108-0810-4

Ⅰ. ①经… Ⅱ. ①蒋… ②蒋… Ⅲ. ①经学一研究 Ⅳ. ①B222

中国版本图书馆CIP数据核字(2010)第253016号

经与经学

作　　者	蒋伯潜　蒋祖怡　著
出版发行	九州出版社
出 版 人	徐尚定
地　　址	北京市西城区阜外大街甲35号(100037)
发行电话	(010)68992190/2/3/5/6
网　　址	www.jiuzhoupress.com
电子信箱	jiuzhou@jiuzhoupress.com
印　　刷	北京顺诚彩色印刷有限公司
开　　本	880毫米×1230毫米　32开
印　　张	10.5
字　　数	196千字
版　　次	2011年1月第1版
印　　次	2011年1月第1次印刷
书　　号	ISBN 978-7-5108-0810-4
定　　价	26.00元

前　言*

我国的传统文化，其包容的内含可以很广，凡过去存在过的事物，衣食住行，几乎无不可纳入文化这个范围。但传统文化就其最基本的典籍来说，集中在经、史、子、集四大部类，也就是人们常说的十三经（或四书五经）、二十四史、诸子百家以及诗词、歌赋、散文等几大方面，这些可统称之为传统文化的“经典”。作为一个有相当文化素养的中国人，有必要也有义务尽可能多地阅读学习一些文化经典著作，以了解、通晓传统文化的源流嬗变，这样才能进一步谈继承与发扬的问题。所以，经典著作的通俗化、普及化工作，便显得十分重要。

“五四”以来，有许多著名学者在这方面做了大量有益的工作。像章太炎的《国学讲演录》、顾颉刚的《尚书》翻译和《汉代学术史略》、梁启超的《中国历史研究法》、范文澜的《经学概论》，还有他的一些关于经学的讲演录和《文心雕龙注》等，都是杰出的成绩。这些学者中影响更为广泛的，则是朱自

* 此前言原为上海书店出版社 1996 年出版这套书时，由钱伯城先生所写。

清、周予同和蒋伯潜。朱自清的《经典常谈》、周予同注释的《经学历史》和蒋伯潜的《十三经概论》。都已成为学习传统文化经典的必不可少的入门书。这三部书，解放后分别由三联、中华和上海古籍出版社重印出版，并多次加印，传播很广。但后二部书专谈经学，前一部书叙述虽很全面，却稍见简略。蒋伯潜、蒋祖怡父子合著的原世界书局于1942年出版的“国文自学辅导丛书”中的六个分册，正可弥补这一缺陷，适应当前读者的需要，我以为这对于传统文化的普及来说，是一件很有意义的事。

这六本书分别是《经与经学》、《诸子与理学》、《骈文与散文》、《诗》、《词曲》、《小说与戏剧》。据我看来，这六本书有如下几个显著的特点：

第一，文字通俗，深入浅出。作者把艰深复杂的内容，讲述得条理清晰，明白易懂，读者很容易接受。

第二，打破旧观念，建立新思想。如把不在经典之列的小说与戏剧提升到经典的位置用专册论述介绍，对白话文学也给以应有的重视等等。

第三，立论公允，不偏不倚。对学术上的今古文、汉学宋学等学派门户之争，不任意偏袒或贬低，据实论述，读者可据此得到完整的概念，并作出自己的判断。

第四，结合实际，具体实用。作者有数十年自中学至大学的教学经验，懂得学生的不同程度和具体要求，使本书的讲解切合读者的实用（如讲诗词则详述格律、音韵）。

第五，古今中外，贯穿配合。本书的论述讲解，不仅讲古，也贯穿至今；不仅讲中国的，还配合讲外国的。正如作者自序所说，本书“以文学与学术为经、文学史与学术史为纬，而文学概论、文学批评、群经诸子及理学之内容流变皆融合于其中”，可使读者对于传统文化及其渊源流变，获得切实明白的知识。

正因为如此，我以为这六本书不仅对于想在这些内容方面有所了解的读者有帮助，而且对于普及读物的写作，也是一个很好的借鉴范例。当然，这套书也有不足的地方，就是缺少关于史书、史学及其他文史专门知识的讲解与叙述，读者可用别的书（如《中国历史研究法》、《经典常谈》等）来补充。好在本书各个分册相对独立，与整体无妨。

本书作者蒋伯潜（1892-1956），浙江富阳人。早年从钱玄同、马幼渔为师，又曾问学章太炎、梁启超门下，深研经学。三十年代末，任教于上海大夏大学、无锡国学专修学校，兼任世界书局特约编审。抗战胜利后曾出任杭州师范学校校长。解放后任浙江图书馆研究部主任，并多次被选为省、市人大代表。蒋祖怡（1913—1992），毕业于无锡国学专修学校，1948年受聘于浙江大学文学院。解放后任杭州大学中文系教授、系副主任，长期从事文艺理论和中国文学批评史的研究与教学。这套书的出版，也是对这二位前辈学者的纪念。

钱伯城

1996年12月，于上海

目　录

第一章

所谓“经”

第一章
所谓“经”

我国古书，有几部特别被人尊崇的，其名曰“经”。据《庄子·天运》，孔子尝谓老聃曰：“丘治《诗》、《书》、《礼》、《乐》、《易》、《春秋》六经，自以为久矣。”“六经”之名见于古籍，当以此为最早。这六种书所以特称做“经”，有两种说法：

（一）经是官书。我国古代，学在王官，私人无著述（参阅《诸子与理学》），所谓“经”者都是官书，由史官掌之。《左传》记晋韩宣子聘鲁，观书于鲁太史，见《易》象与鲁《春秋》（昭公二年），此《易》与《春秋》在史官之证。《周礼》言外史掌三皇五帝之书（外史，春官宗伯之属），《左传》载楚左史倚相能读《三坟》、《五典》、《八索》、《九丘》（昭公十二年。按《尚书》疏引贾逵说：“《三坟》，三皇之书；《五典》，五帝之典；《八索》，八王之法；《九丘》，九州亡国之戒。”），此《书》在史官之证。《诗序》云史克作《鲁颂》，《左传》云倚相诵《祈招》，此《诗》在史官之证。《周礼》言太史以礼书协事，小史以时读礼法（皆春官宗伯之属）；孔子适周，问礼于老子，老子是周之征藏史；访乐于苌弘，苌弘也是周史，此《礼》、《乐》在史官之证。六经都是官书，所以简策特别大。郑玄《论语序》

逸文（原序已亡，此据清宋翔凤所辑）曰："《钩命决》云：'《春秋》二尺四寸书之，《孝经》一尺二寸书之。'故知六经之策皆长二尺四寸。"又曰："《孝经》谦，半之。《论语》八寸策者，三分居一，又谦焉。"按《盐铁论·诏圣》篇曰："二尺四寸之律，古今一也。"《汉书·杜周传》所云"不循三尺法"，金鹗《求古录礼说》以为是"举成数"。经书和法律都用二尺四寸的策，正因为它们同是官书。

（二）经是圣人所作。《博物志》说："圣人制作曰经，贤者著述曰传。""圣人制作"的书为什么叫做"经"呢？因为圣人之道是万世不变的常道。郑玄《孝经注》曰："经者，不易之称。"（《玉海》卷四十一引）《释名·释典艺》曰："经，径也，常典也。如径路无所不通，可常用也。"皇侃曰："经者，常也，法也。"《文心雕龙·宗经》曰："经也者，恒久之至道，不刊之鸿教也。"这种说法，完全是以"天不变，道亦不变"的观念为根据的。

上述两种说法，因为他们对于所谓"经"的观念不同，所下的定义便两样了。前者以为"经"是周公（旦）的旧典，孔子是一个"述而不作，信而好古"（孔子语，见《论语·述而》篇）的学者，他对于六经只是"述"，只是整理而已，所以说"经"是官书。后者认为六经是孔子所作，孔子作六经，垂教万世，为不变之常道，所以说"经"是圣人所作。

但是《荀子》尝引《道经》，贾谊《新书》又提及汉儒谈礼的《容经》，医书中有《内经》《外经》（《汉书·艺文志》方技略有《黄帝内经》《外经》、《扁鹊内经》《外经》、《白氏内经》《外经》)、《难经》(扁鹊撰，《汉志》不载，《隋书·经籍志》始著录)，《国语·吴语》“挟经秉枹”的“经”又指兵书而言，这些书既非官书，亦不是圣人所作，但也名之曰“经”，所以章炳麟谓“经”是以丝编缀竹简，本为书籍的普泛名称，和印度梵语称佛经为“修多罗”一样。这是另一种说法，却比较近理。不过自汉以后，学者对于这几部经书特加推崇，认为是古籍中有特殊地位的，而对于它们又有两派不同的观念，所以有上述两种不同的说法了。

六经又称“六艺”，这是汉朝人的说法。贾谊《新书·六术》曰:“《诗》、《书》、《易》、《春秋》、《礼》、《乐》六者之术谓之‘六艺’。”汉人称六经为“六艺”(《史记》、《汉书》皆如此，刘歆《七略》及《汉书·艺文志》的六艺略便是著录经部之书的)，似以此为最早（按，《周礼》保氏以六艺教国子，是指礼、乐、射、御、书、数六者而言，与称六经的“六艺”不同)。《小戴礼记·经解》曰：

孔子曰:“入其国，其教可知也。其为人也，温柔敦厚，《诗》教也；疏通知远，《书》教也；广博易良，《乐》教也；絜静精微，《易》教也；恭俭庄敬，《礼》教也；属辞比事，《春秋》教也。故《诗》之失，愚;《书》之失，诬；

> 《乐》之失，奢；《易》之失，贼；《礼》之失，烦；《春秋》之失，乱。其为人也，温柔敦厚而不愚，则深于《诗》者也；疏通知远而不诬，则深于《书》者也；广博易良而不奢，则深于《乐》者也；絜静精微而不贼，则深于《易》者也；恭俭庄敬而不烦，则深于《礼》者也；属辞比事而不乱，则深于《春秋》者也。”

这一段话论的是“六经之教”。所谓“温柔敦厚”、“疏通知远”、“广博易良”、“絜静精微”、“恭俭庄敬”、“属辞比事”，是六经之教的效果，是六经之教及于受教的人们之良好影响，下文所说“愚”、“诬”、“奢”、“贼”，“烦”、“乱”六者，是因六经之教之失，影响于受教的人们而发生的流弊，所以下文又说到有良好的效果而无其流弊的，必是深于某经者。其意义本来非常明白，可是一般粗心的读者，往往误认“温柔敦厚”等六者是指六经本身的性质而言，那么“愚”、“诬”、“奢”、“贼”、“烦”、“乱”六者，难道也是六经本身的缺点吗？以六经教人，有得有失，有利有弊，必深于六经者方能有得无失、有利无弊，这真是持平之论！

六经之用，古籍中论及者颇多，最早的似乎是《庄子》的《天下》篇：

> 《诗》以道志，《书》以道事，《礼》以道行，《乐》以

道和,《易》以道阴阳,《春秋》以道名分。

《史记·滑稽列传》也引孔子的话道：

六艺于治一也。《礼》以节人,《乐》以发和,《书》以道事,《诗》以达意,《易》以神化,《春秋》以〔道〕义。

《太史公自序》又曰：

《易》著天地、阴阳、四时、五行，故长于变;《礼》经纪人伦，故长于行;《书》记先王之事，故长于政;《诗》记山川、溪谷、禽兽、草木、牝牡、雌雄，故长于风;《乐》乐所以立，故长于和;《春秋》辩是非，故长于治人。是故《礼》以节人,《乐》以发和,《书》以道事,《诗》以达义,《易》以道化,《春秋》以道义。

《滑稽列传》只引用孔子的话，《太史公自序》则先加以说明，然后以孔子的话为结论。《礼》长于行，故可用以"节人"、"道行"；《书》长于政，而所记又为先王之事，故可用以"道事"；《诗》长于风，长于托物见志的风喻，故可用以"道志"、"达意"；《乐》长于和，故可用以"发和"；《易》长于变，故可用以“神化”、“道阴阳”；《春秋》辩是非，长于治人，故可用以“道义”、“道名分”。《庄子》和《史记》论六经之用，原是一致的。《汉书·艺文志》也有一段论六经之用的话：

> 六艺之文，《乐》以和神，仁之表也；《诗》以正言，义之用也；《礼》以明体，明者著见，故无训也；《书》以广听，知之术也；《春秋》以断事，信之符也。五者盖五常之道，相须而备，而《易》为之原。

《汉志》以“仁、义、礼、知、信”五常配六经，少了一样，所以加上一句“而《易》为之原”，至于《易》何以为《诗》、《书》、《礼》、《乐》、《春秋》五经之原，班固却说不出所以然来。班固作《汉志》，是根据刘歆《七略》的，我颇疑心这也是刘歆的说法，倒不如上述《庄子》、《史记》所论来得明确。

六经的次序，有两种不同的排列法：

（一）《易》、《书》、《诗》、《礼》、《乐》、《春秋》

（二）《诗》、《书》、《礼》、《乐》、《易》、《春秋》

主张第一种排列法的学者，认为六经是周公的旧典，所以依其制作的时代先后为次序：《易》原于八卦，八卦是伏羲画的，故列第一；《书》的第一篇为《帝典》，是记尧、舜的事的，故列第二；《诗》的《豳风》、《七月》是周未去豳迁岐时的作品，《商颂》是商代郊祀的乐章，故列第三；《礼》、《乐》是周公所制，故列第四、第五；《春秋》是孔子就鲁史记修成，故列第六。主张第二种排列法的学者，以为六经是孔子所作，用以教人的，所以依其本身程度的浅深为次序：《诗》、《书》是文字的教育，程度比较浅，所以排在前面；《礼》是约束人的行为的、《乐》是陶冶人的品性的，已是进一步了，所以列在其次；《易》明阴阳之变、究天人之际，如其拿现代的话来比喻，是从宇宙论以推论人生哲学，《春秋》则是孔子的政治主张，借褒贬往事以示其微言大义的，所以连他门下列于“文学”一科的子游（言偃）、子夏（卜商）对于他的“笔则笔，削则削”都不能赞一辞，这两种书程度最为高深，所以列在最后。六经的次序有这两种不同的排列法，和上文所述解“经”的名称的二种说法是有关系的。

六经既是六种经书，为什么又有所谓“五经”呢？因为实际上并没有《乐经》这种书。《汉书·艺文志》著录古书，六艺略于“易”、“书”、“诗”、“礼”、“春秋”五类都首云“经若干卷”，只有“乐”的一类没有说“经若干卷”，第一部就是“《乐记》二十三篇”。乐为什么没有经呢？这又有两种解说：一说，《乐经》亡于秦始皇的焚书；一说，乐本无经，只是附于《诗经》的一种乐谱。六经除了《乐》，便是“五经”。西汉时各经皆置博士，叫做“五经博士”。后来又有所谓“七经”者，其说不一：

（一）《诗》、《书》、《礼》、《乐》、《易》、《春秋》六经，加上一部《论语》，便是七经（见《后汉书·张纯传》李贤注）。

（二）宋刘敞《七经小传》的七经是《尚书》、《毛诗》、《周礼》、《仪礼》、《礼记》、《春秋公羊传》和《论语》，礼的一类他列了三部书，所以《易》和《乐》二者不在内了（王应麟《小学绀珠》的七经与刘敞同）。

（三）清圣祖康熙有《御纂七经》，是《易》、《书》、《诗》、《春秋》、《周礼》、《仪礼》、《礼记》，礼类仍有三部，又加了一部《易》，所以除去《论语》，仍是七经。

此外又有“九经”，也有不同的四种：

（一）宋刻巾箱本白文九经——《易》、《书》、《诗》、《春秋》、《左传》、《礼记》、《周礼》、《孝经》、《论语》、《孟子》（清秦镤所刻九经即据此本）。

（二）明张照奉敕刻的篆字九经——《易》、《诗》、《书》、《春秋》、《周礼》、《仪礼》、《大学》、《中庸》、《论语》、《孟子》（《大学》、《中庸》合为一经）。

（三）明郝敬《九经解》——《易》、《书》、《诗》、《春秋》、《礼记》、《周礼》、《仪礼》、《论语》、《孟子》。

（四）清惠栋《九经古义》——《易》、《书》、《诗》、《周礼》、《仪礼》、《礼记》、《公羊传》、《谷梁传》、《论语》。

以上四种都是宋以后的人采辑的。南朝宋时，设国子助教十人分掌十经，《周易》、《尚书》、《毛诗》、《礼记》、《周礼》、《仪礼》、《春秋左氏传》、《公羊传》、《谷梁传》各为一经，《论语》、《孝经》合为一经，名义上是十经，实际已有十一经了。唐文宗开成间石刻十二经，置于太学，则于十一经外又多一种《尔雅》(按《庄子·天道》已有“孔子翻十二经以说”老聃的话，说者谓六经加六纬是为十二经，与开成刻石的十二经不同)。十二经再加一部《孟子》，便是所谓“十三经”了。南宋光宗绍熙间已有《十三经注疏》的合刊本，成为经部的一部丛书。兹列述如下：

《周易正义》 魏王弼、韩康伯注，唐孔颖达等正义。

《尚书正义》 汉孔安国传，唐孔颖达等正义。

《毛诗正义》 汉毛公传，郑玄笺，唐孔颖达等正义。

《周礼注疏》 汉郑玄注，唐贾公彦疏。

《仪礼注疏》 汉郑玄注，唐贾公彦疏。

《礼记正义》 汉郑玄注，唐孔颖达等正义。

《春秋左传正义》 晋杜预注，唐孔颖达等正义。

《春秋公羊传注疏》 汉何休注，唐徐彦疏（徐彦，一说即北魏之徐遵明）。

《春秋谷梁传注疏》 晋范宁注，唐杨士勋疏。

《论语注疏》 魏何晏等注，宋邢昺疏。

《孝经注疏》 唐玄宗注，宋邢昺疏。

《尔雅注疏》 晋郭璞注，宋邢昺疏。

《孟子注疏》 汉赵岐注，宋孙奭疏（此疏实非孙奭作）。

这部经类的丛书，经与疏本来是各别单行的，合刊本以宋光宗绍熙年间的为最早，其后又有十行本，明世宗嘉靖时又有据十行本重刻的闽本，神宗万历时又有据闽本重刻的监本，思宗崇祯时又有据监本重刻的毛氏（晋）汲古阁本，清高宗乾隆时有殿本（武英殿），嗣后有阮元所刻的阮本，这些都是《十三经注疏》著名的版本。阮本附有阮元的《十三经校勘记》，清人吴浩有《十三经义疑》、沈廷芳有《十三经注疏正字》，在校雠方面各有相当的成绩。

这十三部书并不能说都是正式的经，《周易》、《尚书》、《诗》、《周礼》、《仪礼》、《春秋》固然是“经”，《礼记》便是“记”，《左传》、《公羊传》、《谷梁传》都是“传”，《论语》也是“记”，《孝经》、《尔雅》的性质也和《礼记》差不多，《孟子》一书，宋以前和《荀子》同列于诸子类的儒家中，并没有算它是一部“经”。《春秋经传集解》曰：“传者，传也，博释经志，传示后人。”《礼记·曲礼》疏曰：“传谓传述经义，或亲承圣旨，或师儒相传，故谓之传。”《论语·学而》篇载曾子的话说：“传不习乎。”“传”字鲁《论》作“专”，《说文解字》说：“专，六寸簿也。”《春秋》之简二尺四寸，《孝经》一尺二寸，《论语》八寸，上文已经提到过，传只六寸者，取其便于携带，用以劄录，正和现在学生听讲时用的札记簿一样。所以经传之“传”，原是解释经文的，例如《诗》有《毛公故训传》，《尚书》有伏胜的《尚书大传》，《仪礼》里有子夏的《丧服传》，都是解经之书。所以，《公羊传》和《谷梁传》是解释《春秋》经的义例的，《左传》是详叙《春秋》经所记的事实以解经的，严格地说只能名之曰“传”，不能称之为“经”。至于“记”，则是孔子弟子及七十子后学所记，明非出于孔子。例如《论语》一书，便是纂辑弟子门人的记录而成；《礼记》所辑，更及于汉代诸儒所记；《尔雅》一书，亦明明有汉初叔孙通以后所增益的，所以都只能称之为“记”而不当尊之曰“经”。《孝经》一书，尤其可疑，六经尚且无以“经”为书名者（名之曰“经”，是后人所称），何以孔子独于答曾子问孝道而录成之书径自称曰“经”？总之，这些书只能目之为六经的附庸，而不应径名之为“经”。

四书几乎和五经列于同等的地位，在科举时代几乎是一种家弦户诵的书。所谓“四书”者，一是《大学》，一是《中庸》，一是《论语》，一是《孟子》。这是南宋孝宗淳熙间朱熹所定的。《大学》、《中庸》本是《礼记》中的两篇，朱熹从《礼记》中特提出这两篇来，和《论语》、《孟子》配成四书。他认为，《大学》是曾子所作，《中庸》本是子思（孔伋，孔子孙）的作品，《论语》本是记孔子的言行的，《孟子》本是记孟子的言行的，他以为由孔子而曾子、而子思、而孟子是一脉相传的道统，所以这四部书是孔门正统的结晶品。子思困于宋而作《中庸》

固然见于《史记·孔子世家》,《大学》是否曾子所作却至今还是一个疑问，何况凭个人的臆测，把它强分做经一章、传十章，以为前者是孔子之言而曾子述之、后者是曾子之意而门人记之呢？难怪戴震小时候初读《大学》便要对朱熹之说发生怀疑了（戴震少时读《大学》至朱熹《章句》云“右经一章，盖孔子之言而曾子述之；其传十章，则曾子之意而门人记之也”，问塾师曰：“何以知其然？”师答曰：“此先儒朱子云尔。”震又问曰：“孔子、曾子是何时人？”师答曰：“东周。”又问：“朱子何时人？”师曰：“南宋。”又问：“东周去南宋几何年？”师曰：“几二千年。”震曰：“然则朱子何以知其然？”师不能答）。所以，我认为《大学》、《中庸》只能还其本来面目，列之于《礼记》中，不必特别把它们另提出来。

我国书籍的分类起于西汉末刘歆的《七略》,《七略》虽亡，班固《汉书·艺文志》现尚存在，它是根据《七略》做的。《七略》已把所谓“经”者特列为“六艺”一略了，而且《礼记》、《论语》、《孝经》、《尔雅》诸书也列入里面。以后魏郑默、晋荀勗的《中经》则有“甲部”，宋王俭的《七志》则有“经典志”，梁阮孝绪的《七录》则有“经典录”,《隋书·经籍志》以至清高宗敕编的《四库全书》则有“经部”，他们都把经书特地列作一类。其实，就五经的性质，按之经、史、子、集四类的分法，它们简直可分入子、史、集三部。《易》和《尚书》中之《洪范》是讲哲理的,《礼记》中属于通论一类的，如《大学》、《中庸》、《礼运》之类，也是谈哲理的，可以列入子部。《尚书》大部分是记言之史，一部分是记事之史，《春秋》是编年史，《周礼》记官制，《仪礼》记礼制，以及《礼记》记礼的大部分，是记典章礼制的文化史，可以列入史部。至于《诗》，明明是我国最古的诗歌的总集，可以归入集部。这样分别起来，所谓“经”实在没有特立一部的必要，可是这一类书乃是我国古代文化的宝库，而且数千年来相传不绝，不但是许多文章材料的来源，其影响亦已普遍地深入于人心。要了解我国固有的文化，要就我国的文化风俗、学术思想获得基本的常识，甚至重新估计它的价值，非对于所谓“经”有相当的认识不可。我固然不赞成叫现代的大中学生读经，以致耗有用的精力时间于不必要的古典的记诵，但是对于所谓“经”的大概情形总得有一个概括的印象。两汉及清代诸儒的经学，在我国学术史上所占的地位，实亦不亚于周秦诸子与宋明理学；而清代经学家实事求是的治学方法，其客观的态度、重视实证的精神和现代科学有不谋而合者，所以写成本编，供有志自修者的阅读。本章所述，不过是所谓“经”的总论，以后便就十三经分别述其概要，并记历代经学的略史。至于文字学，原是经学的附庸，亦附录其大旨于后。

第二章

经今古文与焚书坑儒

第二章
经今古文与焚书坑儒

前章曾说过，“经”的名称有二种解释，六经的次序有二种排法，六经所以独缺《乐经》的原因有二种说法，这都是因为经学有今文、古文二派的缘故。以六经为周公旧典，认经典为官书的，以时代先后为次序把六经排成《易》、《书》、《诗》、《礼》、《乐》、《春秋》的，说《乐经》亡于秦火的，是古文经学家的主张。以六经为孔子所作的，以程度浅深为次序把六经排成《诗》、《书》、《礼》、《乐》、《易》、《春秋》的，说乐本无经，原附于《诗》的，是今文经学家的主张。经学为什么有古文和今文的派别呢？因为经的本子有今文、古文之别，尊信今文本的为今文派，尊信古文本的为古文派。所谓“今文”，就是西汉时通行的文字，隶书；所谓“古文”，就是秦汉以前通行的文字，古文大篆。用隶书写的本子叫做“今文”，用古篆写的本子叫做“古文”。前者是西汉经生抄写的本子，后者是古代遗留下来的本子。同一部经，书写时所用的字体不同，原也没有什么，可是有几部经虽然文字略有出入而没有大差别，有几部经却并篇数多少也不相同，有几部经或竟只有古文本而无今文本了。于是经学家各信所据之经本，各尊所传之师说，遂分门户之见而形成对抗的两派。现在先就重要的几部经，说明其今文本与古文本之异同：

（一）《易》 秦始皇焚书，《易》以卜筮之书得免，故今文经与古文经无大差异。《汉书·艺文志》云："刘向以中古文《易经》校施、孟、梁丘经，或脱去'无咎'、'悔'、'亡'，惟费氏经与古文同。""中古文"者，西汉中秘府所藏之古文本。"施、孟、梁丘经"者，西汉经学家施雠、孟喜、梁丘贺所传之今文本。"费氏经"者，西汉时在民间流行费直所传之古文本。刘向在成帝时领校秘书，故遍校群经不同之本。如《艺文志》所云，今古文《易》的不同仅在脱去"无咎"、"悔"、"亡"等字，其无大差异，已可想而知。不过现存的《易经》，列入十三经的，正是和古文本相同的费氏《易》。

（二）《诗》 秦始皇焚书，《诗》因为人人所讽诵，不独赖竹帛以传，得以成全，故今古文亦无甚差异。今文本为西汉经学家鲁申培、齐辕固、燕韩婴所传，今仅存《韩诗外传》。现存十三经中之《诗》为古文本，毛公（大毛公名亨，小毛公名苌）所传，故名之曰"毛诗"。

（三）《书》 这部《书经》便大有出入了。《汉志》云："刘向以中古文校欧阳、大小夏侯三家经文，《酒诰》脱简一，《召诰》脱简二。率简二十五字者，脱亦二十五字；简二十二字者，脱亦二十二字。文字异者七百有余，脱字数十。"欧阳生字和伯，其曾孙名高，大夏侯名胜，小夏侯名建，此三家皆传今文

《尚书》。不但如此，今文《尚书》仅二十九篇，出于秦之老儒济南伏胜；古文《尚书》较二十九篇之今文本多十六篇，出于孔子故宅壁中，据《汉书》说，为武帝末鲁恭王所发现。可是多出来的十六篇古文，今已亡失，现存十三经中的是一部假的古文《尚书》，为东晋时梅赜所献，共计五十八篇。而今文《尚书》二十九篇，却还保存在这部伪古文《尚书》中。

（四）《礼》　十三经中有三部《礼》，《礼记》为西汉经学家戴圣所辑，严格言之，是“记”非“经”，没有今古文的分别，不过其中《王制》篇所述的古代政制和古文本的《周礼》不同，当然是今文派的主张。其余二部，一是《仪礼》，一是《周礼》。《仪礼》有两种，今文本凡十七篇，为西汉时高堂生所传，现存十三经中；古文出于鲁之淹中里，比今文本多三十九篇，已亡。《周礼》仅有古文本，无今文，刘歆继其父向校书时发现于中秘府。本有六篇，亡冬官一篇，以《考工记》补之，现存十三经中。

（五）《春秋》　经文亦有今古文两本，今文十一卷，古文十二篇。但是这一篇的多少并没有多大关系，因为今文经以鲁闵公即位于元年春，到翌年秋八月便被弑了，在位仅一年半，故附于庄公，而古文经则仍独立为一篇。所可怪的，则今文经至哀公十四年春“西狩获麟”绝笔，古文经直至哀公十四年夏四月“孔子卒”为止。《春秋》的传，有公羊、谷梁，左氏三家，均列入十三经中。《公羊传》、《谷梁传》皆今文，主释《春秋》经之书法义例，亦至哀公十四年止；《左传》为古文，主记《春秋》经之事实，则直记至悼公四年为止。《公羊》、《谷梁》为公羊高、谷梁赤所传，《左传》则刘歆校书时始发现。

以上五经之外，十三经中之《论语》与《孝经》也有今文、古文。今文《论语》有二种，一为鲁《论》，共二十篇；一为齐《论》，共二十二篇（多《问王》、《知道》二篇）。前者为夏侯胜等所传，后者为王杨等所传。古文《论语》共二十一篇，亦出于孔宅壁中。今存十三经中者为张侯《论》，“张侯”即张禹。禹所传《论语》，以鲁《论》为主，然亦参取齐、古二家之说。今文《孝经》一篇，分十八章，今存十三经中。古文《孝经》则分二十二章，已亡。隋王劭所得之古文本为伪古文，清汪翼沧从日本所得之古文本亦伪。十三经除上述十一书之外，只有《尔雅》和《孟子》二书了，都没有今文、古文的差别。《尔雅》尚与古文经说有关，《孟子》则本是子书，根本不成问题。

各经今文、古文的本子已如上述，它们所以有今文、古文两种不同的本子，其原因在于秦之焚书。焚书，诚然是我国学术史，尤真是经学史上的一件重大公案。这事的真相如何，确有检讨一番的价值。《史记·秦始皇本纪》云：

> 三十四年，……始皇置酒咸阳宫，博士七十人前为寿。仆射周青臣进颂曰：“他时秦地不过千里，赖陛下神灵

明圣，平定海内，放逐蛮夷，日月所照，莫不宾服。以诸侯为郡县，人人自安乐，无战争之患，传之万世。自上古不及陛下威德！”始皇悦。博士齐人淳于越进曰：“臣闻殷周之王千余岁，封子弟功臣，自为枝辅。今陛下有海内而子弟为匹夫，卒（同‘猝’）有田常、六卿之臣，无辅拂（同‘弼’），何以相救哉？事不师古而能长久者，非所闻也！今青臣又面谀以重陛下之过，非忠臣。”始皇下其议。丞相李斯曰：“五帝不相复，三代不相袭，各以治。非其相反，时变异也。今陛下创大业，建万世之功，固非愚儒所知。且越言乃三代之事，何足法也？异时诸侯并争，厚招游学。今天下已定，法令出一，百姓当家则力农工，士则学习法令辟（同‘避’）禁。今诸生不师今而学古，以非当世，惑乱黔首。丞相臣斯昧死言：古者天下散乱，莫之能一，是以诸侯并作，语皆道古以害今，饰虚言以乱实，人善其所私学，以非上之所建立。今皇帝并有天下，别黑白而定一尊。私学乃相与非法教，人闻令下，则各以其学议之，入则心非，出则巷议，夸主以为名，异取以为高，率群下以造谤。如此弗禁，则主势降乎上，党与成乎下。禁之便。臣请史官非秦记皆烧之。非博士官所职，天下敢有藏《诗》、《书》、百家语者，悉诣守、尉杂烧之。有敢偶语《诗》、《书》者弃市，以古非今者族，吏见知不举者与同罪。令下三十日不烧，黥为城旦。所不去者，医药、卜筮、种树之书。若欲有学法令，以吏为师。”制曰:“可”。

焚书的原因和办法，已记载得很详细。《李斯列传》中也有同样的记载，其下云 :“始皇可其议，收去《诗》、《书》、百家之语以愚百姓，使天下无以古非今。”焚书这件事，是信而有征的了。经籍既罹此大厄，故多散佚，及汉惠帝四年始除挟书之禁，于是古籍复出。文帝以前特置博士者，大抵皆由老儒传授，以汉隶书写之本研习。此后诸王复广求遗书，武帝又敕丞相公孙弘广开献书之路，建藏书之策，置写书之官，成帝又使谒者陈农广求遗书于天下。百年之间，中秘所藏已如山积，乃命刘向、任宏、尹咸、李柱国等校雠秘府所藏之书，向校经、子、诗赋，任宏为步兵校尉而校兵书，尹咸为太史而校术数，李柱国为侍医而校方技。向卒，哀帝命其子歆完成父业。歆校书时，发现与当世通行的博士教授之本不同，以古篆书写的经书，这就是所谓的“古文经”了。因为有了这种本子，所以那些用汉隶书写的本子才有“今文经”的名称。所以，经之有今文、古文的分别，是由于秦之焚书。就以上前面所述看来，除《易》、《诗》二书今古文无甚分别，《周礼》仅有古文而并无今文之外，《尚书》、《仪礼》、《春秋》的《公羊传》、《谷梁传》、《左传》以及《论语》、《孝经》，都是古文本的篇章比今文本多。因此，古文派以为今文经是秦火之后残缺不完的本子。可是古文经的来历，或出于屋壁中，或得之民间，又是刘歆时方从秘书中发现的，西汉时并未立于学官而由博士教授，所以今文派以为是刘歆伪造出来的。因此，今文、古文两派便水火不相容了。

经今古文学两派争论最烈的时代在西汉末、东汉初，到了东汉季世，今古文又混合了。两汉经学和今古文分合的经过，当于下文第十五章中述之，这里且就焚书一事先加一番检讨。从《史记·秦始皇本纪》和《李斯列传》中所载焚书的史实，我们可以得到下列几点意思：

（一）李斯所以主张焚书的原因，是因为当时儒生，如淳于越等“以古非今”。秦始皇统一中国，废封建，改郡县，这是我国政治制度上一次极重大、极剧烈的改革，周朝以前行之数千年的封建制度被根本铲除了。就历史的观点上说，中国真正统一的局面至此方才完成，确是我国划时代的政治变动，虽然古代的封建制度至战国时已呈崩溃之象，可是政治上、社会上重大的改革，往往不为安于旧习的人们所赞成。淳于越引殷周往事为证，以为“事不师古而能长久者，非所闻也”。依我的推想，当时持此种论调者，决不至一二人，淳于越特其代表而已。李斯以为要禁儒生之心非、巷议、夸主、造谤，莫如把古书焚禁了，绝其依据，使天下无以古非今。

（二）李斯所定违抗这焚禁古籍命令的罚则，共分三等：最重的是“以古非今者族”，次之是“偶语《诗》、《书》者弃市”，最轻的倒是“令下三十日不烧，黥为城旦”。就此我们可以看出，这件事的目的是在禁儒生之“以古非今”，焚书不过是达此目的之手段而已。“黥”是刺字，“城旦”是罚作苦工，比较“弃市”和“族”，不是轻得多吗？

（三）李斯议曰：“非博士官所职，天下敢有私藏《诗》、《书》、百家语者，悉诣守、尉杂烧之。”反过来说，则博士官所职掌之《诗》、《书》、百家语就不在焚烧之列了。而且始皇焚书之旨在“以愚百姓”，当然不欲自愚其子孙，博士官所藏之书不烧，正为自己子孙留一地步。《史记》言，济南伏胜故为秦博士（见《儒林列传》）；张苍自秦时为柱下史，主柱下方书（见《张丞相列传》）；叔孙通秦时以文学征，待诏博士，与博士三十余人论事二世前。凡此诸人汉初均尚健在，则秦时博士官所掌的经书不至完全被毁，不言可知了。

（四）李斯议又曰：“若欲有学法令，以吏为师。”裴骃《史记集解》引徐广曰：“一无‘法令’二字。”按，《李斯列传》所载即无此二字。以文法言，此句“学”下如有“法令”二字，则“学”字为此句之主动词，当云“若有欲学法令”；因无“法令”二字，故“学”字已变成名词，可以为主动词“有”字之受词，方可云“若欲有学”。“若欲有学，以吏为师”者，殆欲复孔子以前“学在王官”之旧制，使学古者必须入官（“学古入官”，见《尚书·周官》），惟宦学乃能事师（“宦学事师”，见《礼记·曲礼》），庶政府可收统制学术、统一思想之效而已。

如其上述四点所检讨、所推测的为不谬，则秦之焚书纵然雷厉风行，也不至于把当时所有的书完全烧去。此外还有二点，我觉得很可怀疑的：

（一）几部重要的经有今文、古文两种本子的，何以古文比今文所多的几篇都会不传于后世？（如古文《尚书》比今文多十六篇，古文《仪礼》比今文多三十九篇，均已亡；《论语》、《孝经》的古文本也比今文多，也都亡了。）

（二）秦之焚书，诸子百家语也都在内，何以诸子之书并没有古文本发现？所以焚书对于经籍的影响，怕不至如所传说、所想像的那么重大！

论史者常和“焚书”并提，以为是秦始皇最大罪状之一，足以影响我国学术的，便是所谓“坑儒”。坑儒事见《史记·秦始皇本纪》，时在始皇三十五年：

> 侯生、卢生相与谋曰：“始皇为人，天性刚戾自用，起诸侯，并天下，意得欲从，以为自古莫能及己。专任狱吏，狱吏得亲幸。博士虽七十人，特备员弗用。丞相诸大臣皆受成事，倚辨于上。上乐以刑杀为威，天下畏罪持禄，莫敢尽忠。上不闻过而日骄，下慑伏谩欺以取容。秦法，不得兼方，不验辄死。然候星气者至三百人，皆良士，畏忌讳谀，不敢端言其过。天下之事无大小皆决于上，上至以衡石量书，日夜有呈（同‘程’），不中呈不得休息。贪于权势至如此，未可为求仙药。”于是乃亡去。始皇闻亡，乃大怒曰：“吾前收天下书不中用者尽去之，悉召文学方术

士甚众，欲以兴太平，方士欲以炼求奇药。今闻韩众（音终）去不报，徐帝（音福）等费以巨万计，终不得药，徒奸利相告日闻。卢生等吾尊赐之甚厚，今乃诽谤我，以重吾不德也！诸生在咸阳者，吾使人廉问，或为妖言以乱黔首。”于是使御史悉按问诸生，诸生传相告引，乃自除犯禁者四百六十余人，皆坑之咸阳，便天下知之以惩后。

就这一段史实看，秦始皇确是个大权独揽的独裁者，其煊赫一时，当不下于现代西方的“小胡子元首”（希特勒）和“黑衣首相”（墨索里尼）。坑儒，也确是一件极残酷的事，可是所坑的果是真正的“儒”吗？始皇所以勃然大怒，是因为卢生不肯为求仙药而亡去，韩众的去不报，徐市等的费以巨万计而终不得药。按《始皇本纪》，始皇二十八年又云：“齐人徐市等上书，言海中有三神山，名曰蓬莱、方丈、瀛洲，仙人居之。请得斋戒，与童男女求之。于是遣徐市发童男女数千人入海求仙人。”三十二年云：“始皇之碣石，使燕人卢生求羡门、高誓（皆古仙人）。……因使韩终、侯公、石生求仙人不死之药。”三十五年云：“卢生说始皇曰：‘臣等求芝、奇药、仙者常弗遇，类物有害之者。……真人者，入水不濡，入火不爇，陵云气，与天地长久。……愿上所居宫毋令人知，然后不死之药殆可得也。’”可见这些人都是为始皇求仙人不死之药的方术士，并非经生学者。“做了皇帝想登仙”，这原是专制魔王的傻想、妄想，方士们就利用它去骗求富贵。“未可为求仙药”云云，仍是掩饰之辞。始皇被他们欺骗愚弄，仍不能觉悟世上本无仙人、本无不死之药，乃于盛怒之下坑杀了四百六十余人。但是，坑杀方士与学术有什么关系呢？

焚书在始皇三十四年，距三十七年冬始皇崩不到四周年，距二世元年七月陈涉起兵不到五周年。二世以三年八月被弑于望夷宫，子婴立为秦王仅四十六日而沛公入关，上距焚书之时不到八周年。沛公入关时，萧何收秦丞相、御史律令图书藏之（见《史记·萧相国世家》）。到惠帝四年，便正式下令除挟书之禁了。所以坑儒虽然是一大惨剧，而所坑并非真儒；焚书固然是我国古籍的一大厄，而博士所职，丞相、御史所藏之官书，实未尝焚，民间所藏亦不至于根断株绝。《史记》说高祖诛项籍，举兵围鲁时，鲁诸生“尚讲诵习礼乐，弦歌之音不绝”（见《儒林列传》）；又说鲁诸儒“讲礼乡饮大射于孔子冢’，“因庙藏孔子衣冠琴车书，至于汉二百余年不绝”（见《孔子世家》）；而二世元年合群臣议尊始皇庙，群臣皆据古者天子七庙、诸侯三、大夫五之遗制以为说，又恰与《谷梁》、《王制》、《礼器》、《荀子》诸书篇相合，可见古籍经说并未被斩绝了。

那么，为什么经古文家言和今文家言不同呢？为什么有《周礼》、《左传》等古文经呢？我认为今文家所说古文经出于刘歆伪造的话，比较的可以相信。其实，由刘歆完全伪造的就是这部《周礼》，至于《左传》尚非完全出于杜撰，不过割裂古书，加以窜乱附会而已。他为什么要这样作伪呢？无非要帮助王莽篡位改制。王莽居摄，自比于周公，他想对汉代政制大大地加以改革，恐遭一般人反对，所以也颇想“托古改制”，却又苦于无古可托，故刘歆特地为他伪造了这一部《周礼》。又恐单造一部古经易启学者之疑，所以窜乱附会，割裂补缀，又成了一部古文的经传——《春秋左氏传》。仅此二书尚虑不足以欺世，于是并《尚书》、《仪礼》、《论语》、《孝经》等，也说别有古文的本子。但是诸书的古文本皆如昙花一现而不久即亡，所以颇有人疑心，古文本所多的几篇几章始终只是空话，即在刘歆手中也并此而无之。近人康有为所作的《新学伪经考》攻古文经最力，读者不妨自去参考。至于诸经的内容大概、经学的略史，当于此后各章分别述之。

第三章

《诗》

第三章
《诗》

六经中的《诗》，是我国最古的一部诗歌总集，我国的诗歌文学当以此书为鼻祖。诗歌之兴，不但早于散文，而且远在文字以前。这句话，乍听到时未免有些诧异，仔细一想却也合于情理。《世本》说伏羲作瑟、女娲作笙簧，《风俗通》说神农作瑟。我国的文字创于黄帝时，可见乐器的发明远在创造文字之前了。乐，所以和歌，那时虽尚无文字，已有口头唱的诗歌了，所以用乐来伴奏的。《吕氏春秋》说："葛天氏之乐，三人操牛尾投足以歌。"虽然没有记下那时的歌辞，已可证明其有诗歌了。《史记索隐》引《西河旧事》载匈奴民歌云："亡我祁连山，使我六畜不蕃息；失我燕支山，使我嫁妇无颜色。"这虽是译文，但必匈奴本有此歌，方可译成汉文。匈奴是无文字的民族，也可有他们的讴歌，不是我国未有文字时已有歌谣的旁证吗？没有入学的孩子们有他们的儿歌，没有识字的乡民们有他们的山歌，这又是一个旁证。我国的诗歌文学兴起既早，古代的诗歌当然很多，但是散见各书的，如《断竹歌》（见《吴越春秋》）、《击壤歌》（见《帝王世记》）、《康衢谣》（见伪《列子》）、《卿云歌》（见《尚书大传》）、《南风歌》（见《尸子》）、

《五子之歌》（见伪古文《尚书》）等，多出后人依托；如《汤盘铭》（见《礼记·大学》）、箕子《麦秀诗》、伯夷《采薇歌》（见《史记·宋微子世家》及《伯夷列传》）等，又都是吉光片羽，一鳞半爪。集古代的诗歌蔚为大观，且信而有征的，终首推这一部《诗经》。

这部《诗》一共有三百十一篇，内有六篇有目无诗（《南陔》、《白华》、《华黍》、《由庚》、《崇丘》、《由仪》，均在《小雅》中），除了这六篇尚有三百零五篇，举其成数，故曰“《诗》三百”。这三百零五篇诗，分编做三部分：

（一）风　分十五国编纂：1.《周南》，2.《召南》，3.《邶风》，4.《鄘风》，5.《卫风》，6.《王风》，7.《郑风》，8.《齐风》，9.《魏风》，10.《唐风》，11.《秦风》，12.《陈风》，13.《桧风》，14.《曹风》，15.《豳风》。

（二）雅　分二部：1.《小雅》，2.《大雅》。

（三）颂　分三部：1.《周颂》，2.《商颂》，3.《鲁颂》。

风的第一篇是《周南》的《关雎》，《小雅》的第一篇是《鹿鸣》，《大雅》的第一篇是《文王》，颂的第一篇是《周颂》的《清庙》，这叫做“四始”。为什么叫做“风”、“雅”、“颂”呢？据《诗大序》说：“上以风化下，下以风刺上，主文而谲谏，言之者无罪，闻之者足以戒，故曰风。……雅者，正也，言王政之所由废兴也。政有小大，故有《小雅》焉、有《大雅》焉。颂者，美盛德之形容，以其成功告于神明者也。”因为“风”是由各国采集的民歌，是民间文学，足以借此考见各地方的风俗，各地方的风俗是由于在上者化民成俗的治教的影响，而各地方的人民对于在上者的政治的感想、讥刺或赞美，都可以用风喻的诗歌表达出来。所以这一个“风”字，含有“风俗”、“风化”、“风喻”三种意义。“雅”是士大夫文学，是文人们美刺朝政之作。“政者，正也”（见《论语》），“雅者，正也”，故名为“雅”。至于以政之小大别雅之小大，则读遍了《小雅》、《大雅》也找不出证据来。“颂”是庙堂文学，是用以歌颂功德的，大概是用于郊祀及祭先王、先公时。周是当时的王室，商是周的前一代，鲁虽仅是一个诸侯国，因为周公旦辅相成王，曾有大功德于王室，所以也有颂。风、雅、颂之外，尚有所谓“赋”、“比”、“兴”，合起来叫做“六义”。风、雅、颂是诗的性质、体制上的分类，赋、比、兴则是诗的作法上的分类。《诗序》于赋、比、兴未加解释，朱熹《诗传纲领》云：“赋者，直陈其事；比者，以彼状此；兴者，托物兴词。”范处义《诗补传》云：“铺陈其事者，赋也；取物为况者，比也；因感而兴者，兴也。”日人儿岛献吉郎《毛诗考》云：“赋是纯叙述法，比是纯比喻法，兴是半比半赋之法，前半用比、后半用赋。”总之，“赋”是直抒情意，直述人事；“比”是借物为比，喻其情事；“兴”是托物兴起，抒写情意。例如，“关关雎鸠，在河之洲。窈窕淑女，君子好逑”这一章诗，以河洲上雎鸠之关关而鸣以求其偶为比，以兴起后二句所赋的淑女、君子之为嘉偶，便是“兴”的作法。其实，就我国数千年来的诗歌综合分析起来，其体类也不外乎“民间文学”（风）、“士大夫文学”（雅）、“庙堂文学”（颂）三种，其作法也不外乎“直抒情事”（赋）、“借物比喻”（比）、“托物起兴”（兴）三种而已。

前人论《诗》，于“风”、“雅”二类中，又有“正风”和“变风”、“正雅”和“变雅”之别。“正风”指《周南》、《召南》（从《关雎》至《驺虞》）二十五篇，“变风”指《邶风》至《豳风》（《柏舟》至《狼跋》）一百三十五篇；“正雅”指《小雅》中自《鹿鸣》至《菁菁者莪》二十二篇、《大雅》中自《文王》至《卷阿》十八篇，“变雅”指《小雅》中自《六月》至《何草不黄》五十八篇、《大雅》中自《民劳》至《召旻》二十三篇。据孔颖达《毛诗正义》谓，由于王道始衰，政教始失，故有变风、变雅之作。我觉得这话未必可靠。因为《豳风》中的《七月》是《诗经》中最早的诗，《鸱鸮》、《东山》、《破斧》诸篇又是关于周公的，总不应说是王室既衰、政教既失后的作品。其实，这种“正”、“变”的区别，根本是不必要的。

古有行人乘𬨎轩，振木铎，以采诗而献之太师，陈于天子之制。此事散见于各古书者甚多，不仅《汉书·艺文志》有此说而已。（按《汉志》云：“古有采诗之官，王者所以观风俗、知得失、自考正也。”）《礼记·王制》亦有“命太师陈诗以观民风”之语。《诗》中的“风”，就是由各地方采集而来的。既采集了，仍分国编辑，其区域尚可考见。如《豳风》，《秦风》

的地域约当今之陕西，《唐风》的地域约当今之山西，《邶风》、《鄘风》、《魏风》、《王风》、《卫风》、《郑风》、《陈风》、《桧风》约当今之河南，《齐风》、《曹风》约当今之山东，二《南》中的《江汉》等篇约当今之湖北的北部，总之是我国黄河流域，那时文化中心的作品。至于诗的时代，也可以从它的本身推断得之。三《颂》中的《商颂》，一说是周代宋国的诗，所以颂宋襄公的，但《国语·晋语》中载公孙固对宋襄公已引《商颂》“汤降不迟，圣敬日跻”二句，可见在宋襄公之前已有《商颂》了。《国语·鲁语》记闵马父之言云：“当正考父校商之名颂十二篇于周太师，以《那》为首。”郑司农（众）云：“自正考父至孔子，又亡其七篇。”现存《诗经》中的《商颂》恰好是五篇（《那》、《烈祖》、《玄鸟》、《长发》、《殷武》）。这五篇颂，大概是留传下来的商代郊祀乐章，春秋时的宋国还沿用着的吧！可是《豳风》中的《七月》却比《商颂》还早，观其所歌，似系周太王自豳迁岐以前的作品，而且篇中“七月流火，九月授衣”所用皆为夏正，故近人梁启超认为是夏代的作品。或者商既代夏，改了正朔，而民间尚仍其旧习，沿用夏历（这和民国元年已改用阳历而民间尚沿用阴历一样），但极迟当在商代。《秦风·渭阳》曰：“我送舅氏，曰至渭阳。”说者以为是秦康公送晋文公之诗（穆公之夫人、康公之母为晋献公之女、文公之姊）。《陈风·株林》曰：“胡为乎株林？从夏南。”说者以为是刺陈灵公昵夏姬的。二事都在春秋中世，但是“舅氏”何以知其必为秦康公之舅？“夏南”何以知其必指夏姬？仍找不出实在的证据来。只有《鲁颂·閟宫》中明说“周公之孙，庄公之子”，确是指鲁僖公的。我国文化至周而始完全发达，平王东迁前后又是政治、社会急剧变动的时期，所以那时候的诗最多。那么，何以春秋中世以后的诗，不被辑入《诗经》呢？《孟子》说：“王者之迹熄而《诗》亡。”所谓“王者之迹熄”者，系指春秋中世，周室衰而采诗之制废，故不复能采各国的风诗，而雅、颂亦不复有人收辑，故曰“《诗》亡”。所以《诗经》所收之诗，至春秋初期为止。综上所述，《诗经》的地域是黄河流域，最南的仍是在长江以北；《诗经》的时代，最早的大概是商，最迟的是春秋初世，而以西周末、东周初为其中心。我们读了这一部《诗经》，可以推知那地域、那时代的政治、社会的大致情形。

《诗经》中的诗以四言诗为主，但例外的也不少。《郑风·缁衣》云：“缁衣之宜兮，敝，予又改为兮。适子之馆兮，还，予授子之粲兮。”“敝”和“还”是一言的。《小雅·祈父》云：“祈父，予王之爪牙。”“祈父”是二言的。《召南·江有汜》云：“江有汜，之子归，不我以。不我以，其后也悔。”前四句都是三言的。《召南·行露》云：“谁谓雀无角，何以穿我屋？谁谓女无家，何以速我狱？”都是五言的。他如《周南·卷耳》的“我姑酌彼金罍”、“我姑酌彼兕觥”，是六言的；《小雅·十月之交》的“我不敢效我友自逸”，是八言的。但以全部《诗经》而论，终以四言诗占绝对多数。《诗经》中也有“兮”字调，如《周南·麟之趾》的“麟之趾，振振公子，于嗟麟兮”，则每章末句用“兮”字；《召南·摽有梅》的“摽有梅，其实七兮。求我庶士，迨其吉兮”，则间一句用“兮”字；《郑风·狡童》的“彼狡童兮，不与我言兮。维子之故，使我不能餐兮”，则四句中有三句用“兮”字；《魏风·十亩之间》的“十亩之间兮，桑者闲闲兮，行与子还兮”，则每句均用“兮”字。从这里，很可以看出由《诗经》嬗变到《离骚》体的“兮”字调的痕迹来。但以全部《诗经》而论，“兮”字调终只占绝少数。由此我们可以推断，《诗经》时代是四言诗的全盛时代。

《诗经》的作者，有可以从本诗中找得的，例如《小雅》的《节南山》明说“家父作诵”，《巷伯》明说“寺人孟子，作为此诗”，《大雅》的《崧高》、《烝民》都明说“吉甫作诵”；也有可以从别种古书上查出来的，例如《尚书》说《鸱鸮》的作者是周公旦，《左传》说《载驰》的作者是许穆公夫人，《常棣》的作者则《国语》说是周公、《左传》说是召穆公。但有作者可指的毕竟是极少数，至其本事更无从查考了，因此，后来学者虽然对于诗的作者和本事各有所注释，大多数是揣度之辞，不能信以为实。我们读《诗经》时，当把这种种揣度附会之言廓清，正不妨仁者见仁、知者见知地各抒己见。崔述《东壁遗书》里的《读风偶识》，便是以这种态度去读《诗经》中的国风的。例如《诗经》中第一首《关雎》：

关关雎鸠，在河之洲。窈窕淑女，君子好逑。
参差荇菜，左右流之。窈窕淑女，寤寐求之。
求之不得，寤寐思服。悠哉悠哉，辗转反侧。
参差荇菜，左右采之。窈窕淑女，琴瑟友之。
参差荇菜，左右芼之。窈窕淑女，钟鼓乐之。

这明明是一首写求配偶的经过，恋爱成功而结婚的诗。首章以河洲上关关地叫着求偶的雎鸠为比，兴起淑女为君子的嘉偶，总揽全诗；次章以水中荇菜左右荡动为比，兴起君子欲求淑女的动荡着的心，求之不得，甚至寤寐思之，辗转反侧；第三、第四两章，则以采芼荇菜为比，兴起君子既得淑女，琴瑟友之，钟鼓乐之，一层层地写来，恰到“乐而不淫”的好处。可是《诗序》偏说“《关雎》，后妃之德也”，“《关雎》乐得贤女以配君子”，以为是后妃所作；朱熹《诗集传》则以为是宫中人所作，君子指文王，淑女指文王之后“太姒”；《鲁诗》、《韩诗》之说，则又谓系刺后妃失德，君王晏朝而作；余如张超《诮青衣赋》以为是毕公所作、罗泌《路史》以为是暴公所作，皆云当周康王时，王应麟《困学纪闻》又谓是周宣王时人作，而皆以为是刺诗；只有崔述以为是“乃君子自求良配，而他人代写其哀乐之情”，比较合于情理。

又如《周南·卷耳》：

采采卷耳，不盈顷筐。嗟我怀人，寘彼周行。
陟彼崔嵬，我马虺隤。我姑酌彼金罍，维以不永怀。
陟彼高岗，我马玄黄。我姑酌彼兕觥，维以不永伤。
陟彼砠矣，我马瘏矣，我仆痡矣，云何吁矣！

这是很妙的一首思妇之诗。写丈夫远行，妻子思念之苦，竟能把她的心理曲尽地描写出来。卷耳，是木耳一类的野生而可吃的植物；顷，同“倾”，倾筐是和畚箕相似的放卷耳的器具；周行，就是大路；崔嵬、高岗、砠，都指山而言：虺隤（同“颓”）、玄黄、瘏都指马的病；金罍，贮酒之器：兕觥，饮酒之器；痡，也是病。这首诗，第一章从她出去采卷耳写起，“我去采呀采卷耳。连一只倾斜的篮儿也盛不满”，并不是因为卷耳少，实在是没心思去采它啊！“我所怀念的心上人，迢迢地在那里的大路上”。以下三章，便完全在替远人设想，连用六个“我”字，都不是指采卷耳的“她”，而是指在周行的“他”。不写她的如何怀念远人，偏写远人的奔波，陟履高山，仆马皆病；不劝她自己稍纾远念，偏替远人设想，“我且喝些酒吧，不要常常怀念、永永悲伤了吧”！最末了的一句尤其是传神之笔，“为什么又在那儿长吁短叹了呢”？连用六个“我”字，何等亲热？连写三章，何等体贴？这真是一首绝妙好词。《诗序》却说：“《卷耳》，后妃之志也，又当辅佐君子，求贤审官。”朱熹也认为是“后妃因君子不在而思念之”。试问后妃为什么要去采卷耳？求贤是国君之责，何劳后妃费心？后妃居深宫之中，如何能“求贤审官”？而且后妃对于所求之贤，竟如此体贴而称之曰“我”，不更狎亵了吗？以思妇之辞而谓为后妃所作，自然不合情理了！总之，我们倘为旧说所囿，则全部《诗经》将全为捕风捉影的解说所蒙，无从廓清整理了。作《诗经》的都是些无名的诗人，时代又隔得太远了，本事如何能查考得清楚呢？我们要遵守《论语》上孔子告子路的话：“知之为知之，不知为不知。”于不可知的作者和本事，只能阙疑，万不可附会杜撰，堕入魔道！

这样杜撰瞎猜地论《诗》的，无过于所谓“诗序”。《诗序》有二种，一曰《大序》，在《关雎》篇之前，它不但论《关雎》篇的作意，而且论到全部《诗经》；一曰《小序》，在各篇之前，论各篇作意。或云《序》之首句是大毛公作，次句以下是小毛公作（大毛公名亨，六国时鲁人，或云是河间人；小毛公名苌，西汉赵人）；或云《大序》是子夏作，《小序》是子夏、毛公合作；《隋书·经籍志》则称《序》为“子夏所创，毛公及（卫）敬仲又加润益”；程颐更说《大序》是孔子作，《小序》是当时国史所作。这些都是隋唐以后的传说，其实，范晔的《后汉书·儒林传》里有很明确的记载：

谢曼卿善《毛诗》，乃为其训。（卫）宏从曼卿受学，因作《毛诗序》，善得风雅之旨，于今传于世。

则《诗序》为后汉人卫宏（字敬仲）所作，铁案如山，不可推翻了，所以《史记》和《汉书》中从没有提到它过。可是隋唐以后的人，对于《诗序》竟视为研究《诗经》的秘宝，而且拉拉扯扯，牵涉到孔子、子夏身上去，真令人百思不得其故！《诗序》对于《郑风》中的诗，见有“仲”字便以为是祭仲（春秋时郑大夫，“祭”读如蔡），见有“叔”字便以为是共叔段（春秋时郑武公之少子、庄公之弟，共音恭，地名，段所封之邑），馀则大半都说是“刺忽”（郑庄公太子）。似乎郑国除了祭仲、共叔段、太子忽以外，更无他人；郑诗人除了美刺这几个人之外，便无别的情感，这不是很幼稚、很可笑吗？（朱子的《诗集传》比《诗序》已高明得多，可是又另有其凿空武断之处，亦不可尽信。）

综上所述，我们对于这一部《诗经》已可得以下概念：

它是我国最古的诗歌总集，研究我国文学史、诗史的，当先研究《诗经》。这三百零五篇诗，就其体制、性质说，可分风、雅、颂三类；就其作法论，可分赋、比、兴三种，这就是所谓的“六义”。按十五国风看来，它的地域，是黄河流域一带，及于长江以北；按全部的《诗》来考据它的时代，约自夏或商以迄春秋中世，而以周室东迁前后的作品为其中坚。它的形式以四言诗为主，间有长短句及“兮”字调，终占少数。它的作者与本事，十之八九已无可查考了，我们读这部书，当自抒己见，用《孟子》所谓“以意逆志”的办法，不可为旧说所囿，而《诗序》之说尤不可信。我们与其尊它为“经”，以道貌岸然的态度去读它，不如把它看作一部上古时代诗歌的总集、一部抒写情感的纯文学读。

说到这里，有一个根本问题还没有解决哩，那就是这三百零五篇的《诗》是怎样编成的？《史记·孔子世家》云：

> 古者，诗三千余篇。及至孔子，去其重，取可施于礼义，上采契、后稷，中述殷、周之盛，至幽、厉之缺。

《汉书·艺文志》也说：

> 孔子纯取周诗，上采殷，下取鲁，凡三百五篇。

《史记》所谓“契、后稷”，指《商颂》的《玄鸟》、《周颂》的《生民》二篇（《玄鸟》述契之母吞燕卵而生契的传说，《生民》述后稷之母履巨人之足迹而生弃的传说）；《汉书》所谓“上采殷，下取鲁”，指《商颂》、《鲁颂》诸篇。照《史》、《汉》所说，则此三百零五篇者乃孔子从古诗中删取的，而且三千多篇里只选录了三百零五篇，仅取其十分之一。此说如确，则孔子之选《诗》，和徐孝穆（陵）的选《玉台新咏》、王介甫（安石）

的选《唐百家诗》一样了。但孔颖达的《毛诗正义》已对此说发生怀疑：

> 书传所引之《诗》，见在者多，亡佚者少，则孔子所录不容十分去九，马迁言古诗三千余篇未可信也！

孔颖达之外，如郑樵、朱熹、朱彝尊、崔述等，对删诗一事皆认为可疑。按《论语》记孔子之言，有云：“《诗》三百，一言以蔽之，曰思无邪。”又说：“诵《诗》三百，授之以政，不达……。”孔子说到《诗》的篇数，常曰“三百”，似孔子所诵习、所教授向只此数。且孔子述六经在自卫返鲁以后，这两句话固不能断定它说在周游之前，也不能断定它说在返鲁之后。但是《左传》所载吴季札聘鲁，观乐于鲁太师，事在孔子以前，何以所歌的风诗，无出于今本《诗经》所辑十五国风之外的呢？后人说到孔子删诗的标准，往往提出“贞淫”两个字来。《论语·子罕》载逸《诗》道：

> 唐棣之华，偏其反而。岂不尔思？室是远而。

虽然孔子有“未之思也，夫何远之有”的评语，似乎嫌它所表达的情意尚欠真挚，但要说它悖于礼义、淫而不贞，终是不可能的吧！又如《左传》成公九年所引逸《诗》：

虽有丝麻，无弃菅蒯。虽有姬、姜，无弃憔悴。

这正合于“糟糠之妻不下堂”的教训，更不能说它不合礼义了。昭公十二年又引逸《诗》道：

祈招之愔愔，式昭德音。思我王度，式如玉，式如金，形民之力而无醉饱之心。

这首《祈招》是祭公谋父作以止周穆王“周行天下”，而孔子引古志“克己复礼，仁也”之语，以”信善哉”称之的，怎么也被删去了呢？《郑风》、《卫风》（包《邶风》、《鄘风》）向以为多淫奔之诗，例如《鄘风》（邶、鄘二国后并入卫）的《桑中》：

爰采唐矣，沬之乡矣。云谁之思？美孟姜矣。期我乎桑中，要我乎上宫，送我乎淇之上矣。

爰采麦矣，沬之北矣。云谁之思？美孟弋矣。期我乎桑中，要我乎上宫，送我乎淇之上矣。

爰采葑矣，沬之东矣。云谁之思？美孟庸矣。期我乎桑中，要我乎上宫，送我乎淇之上矣。

《郑风》的《溱洧》：

> 溱与洧，方涣涣兮；士与女，方秉蕑兮。女曰观乎？士曰既且。且往观乎？洧之外，洵讦且乐。维士与女，伊其相谑，赠之以勺药。
>
> 溱与洧，浏其清矣；士与女，殷其盈兮。女曰观乎？士曰既且。且往观乎？洧之外，洵讦且乐。维士与女，伊其将谑，赠之以勺药。

《诗序》于前一首，则以为“男女相奔……期于幽远”；于后一首，则以为“淫风大行，莫之能救”。那么，为什么不为孔子所删？《周南》、《召南》，不是大家认为是周公、召公之化的吗？可是《召南》的《野有死麕》，不比《桑中》、《溱洧》更说得赤裸裸吗？

> 野有死麕，白茅包之。有女怀春，吉士诱之。
> 林有朴樕，野有死鹿。白茅纯束，有女如玉。
> 舒而脱脱兮，无感我悦兮，无使尨也吠！

末一章的话，不比《郑风·将仲子》的无逾墙园、无折杞桑，仲虽可怀，父母、兄弟与人之多言可畏，更为放纵、更为狎亵吗？至如《邶风》的《静女》，以诗论，的确是很好的一首抒情小诗，若定要板起了道学先生的面孔来删诗，则此诗亦在必删之列：

静女其姝，俟我于城隅。爱而不见，搔首踟蹰。
静女其娈，贻我彤管。彤管有炜，说怿女美。
自牧归荑，洵美且异。匪女之为美，美人之贻！

其实，《关雎》的寤寐求淑女而不得，至于“辗转反侧”，较之“爱而不见，搔首踟蹰”者，已有过之无不及；而“琴瑟友之，钟鼓乐之”，较之赠以勺药、彤管，亦何多让！如果《关雎》与《野有死麇》一类的诗也采自郑、卫，则《诗序》、《诗集传》必也以为是刺淫奔之作了。更进一层说，细察那些所谓“淫”的诗，殊不见有什么“刺”的话。孔子如果删诗，如果以后人所谓“贞淫”为标准，则三百零五篇中至少须再删去其五分之一，而逸《诗》反有尽可保存者。故吾颇疑删诗之说之不可信，此三百零五篇如已经过一番有意的编纂，则其事恐在孔子以前，或即所谓“太师”等的工作吧！

末了还有一个问题，这部《诗经》为什么叫做“毛诗”？因为《诗经》的今文本子，《鲁诗》、《齐诗》、《韩诗》都已亡失了，现存十三经中的那部《诗经》，就是毛公做《故训传》的一种古文本子。毛公所传的本子叫做“毛诗”，正和韩婴所传的本子叫做“韩诗”一样。但是仔细地推敲起来，却和现在一般人称段玉裁注的《说文解字》为“段氏《说文》”有同一的语病。不过这种名称却是由来已久，所以在这里附带的提及一下。

第四章

诗与乐

第四章
诗与乐

在第一章里已经说过，六经惟乐无经，故又称五经。所以独缺《乐经》的缘故，有两种说法，一说谓《乐经》亡于秦火，一说谓乐本无经，只是附于《诗》的一种乐谱。在第二章里已经说过，秦始皇焚书，实际上的影响并没有传说的那么大，而且焚书的原因是为了当时儒生“以古非今”，反对他废封建为郡县的缘故。那么，《乐经》——如果原有此经的话——和政治无关，决不至被焚禁得特别厉害，以至于并烬余的残帙而无之。因为《书》、《礼》、《春秋》这些与古代政制、历史有关的，尚且漏网，《易》、《诗》亦以卜筮、讽诵而并获保全，何以《乐经》独无遗编？所以我认为，“乐本无经”之说，比较的可以相信。

乐和诗是不可分的，因为诗本是合乐的歌。《汉书·艺文志》云：“《书》曰：‘诗言志，歌咏言。’（见《尧典》）故哀乐之心感而歌咏之声发。诵其言谓之诗，咏其声谓之歌。”可见“诗”即是“歌”，吟诵其文字则谓之“诗”，歌咏其声音则谓之“歌”。卫宏《诗序》也说：“在心为志，发言为诗。情动于中而形于言，言之不足，故嗟叹之；嗟叹之不足，故咏歌之；

咏歌之不足，不知手之舞之、足之蹈之。”《诗序》说《诗》固不足取，这几句话论诗和歌、舞的关系，却颇有道理。我们在《诗》与《词曲》那二册书里已曾讲到过，乐府诗、绝句、词、曲，在汉、唐、宋、元各代都曾配合过音乐，它们都是广义的“诗”呀！我国历代的诗歌文学都曾和音乐发生过密切的关系，《诗经》自然也不能独居例外。

《论语·子罕》篇记孔子之言曰：“吾自卫反鲁，然后乐正，雅、颂各得其所。”孔子正乐即是正《诗》，孔子对于《诗经》的工作，不是从三千余篇古诗中删取三百五篇，而是正乐以使雅、颂各得其所（参阅清人魏源《诗古微·夫子正乐论》）。拿目前浅近的事来比，六经中的《乐》，怕就是这三百五篇《诗》的乐谱，和现在的五线谱同一性质，而《诗》则为其歌辞。“正乐”者，补其残脱，订其讹乱，使乐谱完整，则雅、颂皆可歌了。因为孔子对于音乐是有特殊的嗜好、精深的研究的，所以他能有这样伟大的成就。

《史记·孔子世家》里有一则孔子学琴的故事：

> 孔子学鼓琴师襄子，十日不进。师襄子曰：“可以益矣。”孔子曰：“丘已习其曲矣，未得其数也。”有间，曰：“已习其数，可以益矣。”孔子曰：“丘未得其志也。”有间，曰：“已习其志，可以益矣。”孔子曰：“丘未得其为人也。”有间，〔若〕有所穆然深思焉，有所怡然高望而远志焉，

> 曰："丘得其为人，黯然而黑，几然而长，眼如望羊，〔心〕如王四国，非文王其谁能为此也？"师襄子避席再拜，曰："师盖云《文王操》也！"

"数"就是音乐的节奏，"志"就是这种乐曲所含有的意义，"为人"指作这曲者是怎样一个人。孔子对于所习的琴曲，研究得纯熟极了、精到极了，所以能猜度到它是文王所作。"黯然而黑"四句，是他先猜到了文王，然后说出他的形貌、心志来，并非在琴曲中可以看出作者的容貌的。我们看了这个故事，可以想见孔子学琴之专心研究，确有心得了。他不但学琴时如此专心，对于别的音乐也是如此。《论语·述而》篇云："子在齐闻《韶》，三月不知肉味，曰：'不图为乐之至于斯也！'"（《史记·孔子世家》记此事，"三月"上多"学之"二字，则"学之三月"当连读。）研究音乐，甚至"不知肉味"，正是因心有专注，所以"食而不知其味"了。

孔子又尝访乐于苌弘，在鲁国又和许多音乐家往来。《论语·微子》篇所记，适齐的太师挚、适楚的亚饭干、适蔡的三饭缭、适秦的四饭缺，入于河的鼓方叔、入于汉的播鼗武、入于海的少师阳和击磬襄，大概都是孔子的挚友，否则弟子们为什么把这班散而之四方的乐官们的踪迹记入《论语》去呢？孔子对于乐既有心得，所以他论乐的话特见精到。《论语·八佾》篇云：

> 子语鲁太师乐，曰："乐其可知也。始作，翕如也；从之，纯如也，皦如也，绎如也，以成。"

这是总论乐理的。《论语·八佾》篇又云：

> 子谓《韶》，尽美矣，又尽善也；谓《武》，尽美矣，未尽善也。

这是批评古代音乐的。所谓"美"，所谓"善"，不是指《韶》、《武》的歌辞文字，而是指《韶》、《武》的音乐声调。大概《武》这种乐，虽然壮美，却带有杀伐之声，不如《韶》之雍和。这和"郑声淫"指郑乐之靡靡的音调，不指《郑风》中秉蕳、赠勺一类的诗句一样。孔子既精于音乐，对于《诗》又有研究（孔子劝其子鲤及弟子学《诗》的话，如"不学《诗》，无以言"、"人而不为《周南》、《召南》，其犹正墙面而立"、"《诗》，可以兴，可以观，可以群，可以怨"，以及称赞子贡、子夏可与言《诗》，均见《论语》），所以能正乐以正《诗》。

据上所述，则诗与乐是有密切关系的了。《诗》三百五篇，从前都分作风、雅、颂三类，前章已述之。近人梁启超则谓当分为南、风、雅、颂四类，而这四类是以诗与音乐的关系分的，他在《诗经解题》中释"南"道：

《诗·鼓钟》篇“以雅以南”，“南”与“雅”对举。雅既为诗之一体，则南亦必为诗之一体甚明。《礼记·文王世子》之“胥鼓南”，《左传》之“象箾南籥”（按所引见襄公二十九年。象，即“舞象”之“象”，为舞之一种。箾，一云舞竿，一云舞曲名。《说文》云：“虞舜乐曰《箾韶》。”箾、箫双声，一音之转。“箾韶”当即《尚书·益稷》“箫韶九成”之“萧韶”。《尔雅·释乐》云：“籥如笛，三孔而短小。”《广雅·释乐》云：“籥谓之笛，有七孔。”）皆指此也。此体诗何以名之曰“南”？无从臆断。毛氏《鼓钟》传云：“南夷之乐曰南。”《周礼·旄人》郑注、《公羊》昭二十五年何注皆云“南方之乐曰任”。南、任同音，当本一字。乃至此后汉魏乐府所谓“盐”、所谓“艳”者（如《河鹊盐》、《归国盐》、《突厥盐》、《黄帝盐》、《疏勒盐》、《三妇艳》），亦即此字所变衍，盖未可知。但《毛诗序》必谓《鼓钟》之“南”非二《南》之“南”，其释二《南》则谓“南，言〔王〕化自北而南”，则望文生训，极可笑，此如某帖括家解《昔昔盐》为食盐矣。窃谓南为当时一种音乐之名，其节奏盖自树一体，与雅、颂不同。据《仪礼》，乡饮酒礼、燕礼皆于工歌、间歌、笙奏之后，终以合乐。合乐所歌，为《周南》之《关雎》、《葛覃》、《卷耳》，《召南》之《鹊巢》、《采蘩》、《采蘋》。《论语》亦云：

> “《关雎》之乱，洋洋乎盈耳哉！”（见《泰伯》篇）“乱”者，曲终所奏乐也。综合此种种资料以推测，南似为一种合唱的音乐，于乐终时歌之，歌者不限于乐工，故曰其乱“洋洋乎盈耳”矣。

按《诗序》释《周南》、《召南》云：“《关雎》、《麟趾》之化，王者之风，故系之周公。南，言化自北而南也。《鹊巢》、《驺虞》之德，诸侯之风也，先王之所以教，故系之召公。”朱熹《诗集传》则云：“周既徙丰，分岐周故地以为周公旦、召公奭之采邑。德化大成于内而南方诸侯之国，江、沱、汝、汉之间莫不从化。及周公相成王，采诗作乐，其得之国中者杂以南国之诗而谓之‘周南’，其得之南国者则直谓之‘召南’。”郑樵云：“周谓河洛，其南濒江；召为岐雍，其南濒汉。江、汉之间，二《南》之地，为诗之所由起。”王雪山已疑“南”为乐歌之一种。崔述亦疑“南”为诗歌之一体，本起于南方，北人效之，亦名曰“南”。《诗序》及朱、郑二氏之说殊嫌迂曲，王氏之说颇近梁氏而语焉不详，崔氏之说却可与梁说互相发明。窃疑“南”者，本为南方合乐之一种曲调，即《吕氏春秋》所谓“南音”。《吕氏春秋·音初》篇云：“涂山氏之女乃令其妾待禹于涂山之阳，女乃作歌曰‘候人兮猗’，实始作为南音。”这种用“兮猗”等泛声的歌，带有特殊的地方色彩，故名之曰“南”。战国末屈原等楚人所作骚赋，还都用“兮”字、

"些"字、"只"字以表音的顿挫的，正是所谓"南音"之遗。二《南》中的诗，用"兮"字的，如《麟之趾》及《野有死麇》之类，原是不多；而《汉广》之用"思"字、《草虫》之用"止"字为句末无义之语词（如"不可求思"、"不可泳思"、"不可方思"及"亦既见止"、"亦既觏之"之类），怕正和《楚辞》中的"些"、"只"一样。"南"和"乱"音近，怕也是一字的衍变。《楚辞·离骚》等末有"乱曰"，《九歌》的《礼魂》（"成礼兮会鼓，传芭兮代舞，姱女倡兮容与；春兰兮秋菊，长无绝兮终古"仅五句），近来学者多认为是前几篇公用的"乱辞"。那么曲终合奏的"南"，或正起于南方而北方人效之，如崔述所说，亦未可知。

梁氏又释"风"道：

> 《毛诗序》释"风"字之义，谓"上以风化下，下以风刺上"，亦是望文生义。窃疑"风"者，讽也，为"讽诵"之本字。《汉书·艺文志》云："不歌而诵谓之赋。"风殆只能讽诵而不能歌者。故《仪礼》、《礼记》、《左传》中所歌之诗，惟风无有。《左传》述宴享时所及之风诗，则皆赋也，正所谓"不歌而诵"也。后此，风能歌与否不可知，若能，恐在孔子正乐以后也。

按梁氏谓风只能诵，不能歌，即《汉志》"不歌而诵谓之赋”的“赋”，非是。《汉志》诗赋略以四派之赋（一、屈原赋，言情；二、孙卿赋，效物；三、陆贾赋，议论；四、杂赋）与“歌诗”并列，所谓“不歌而诵”之赋，明指屈原以下之辞赋而言（屈原赋仅《九歌》可合乐）。赋是南方新兴的文学，刘勰所谓“六义附庸，蔚为大国”者，故与诗合于诗赋略，而赋与诗之差别，即在后者可歌、前者可诵而不可歌。班氏尚恐后人不会此旨，故特名所录之诗曰“歌诗”。试观班氏所录之歌诗，恰与《诗》之分风、雅、颂三类相合：

（一）风之类　吴、楚、汝南歌诗十五篇，燕代讴、雁门、云中歌诗九篇，邯郸、河间歌诗四篇，齐、郑歌诗四篇，淮南歌诗四篇，左冯翊秦歌诗三篇，京兆尹秦歌诗五篇，河东、蒲反歌诗一篇……

（二）雅之类　临江王及愁思节士歌诗四篇，李夫人及幸贵人歌诗三篇，诏赐中山靖王子哙及孺子、妾冰、未央材人歌诗四篇，……

（三）颂之类　高祖歌诗二篇，泰一杂甘泉寿宫歌诗十四篇，宗庙歌诗五篇……

汉代特立乐府，武帝命李延年为协律都尉，采各地诗歌、司马相如等文人所作及郊祀乐章，合以音乐，正是上承周制。在民间本为徒歌的讴谣，一经采集，便可合乐，这种诗即名之曰“风”。《山海经·大荒西经》云：“太子长琴是处榣山，始作乐风。”郭璞注云：“风，曲也。”可见风也是一种乐曲的名称。其所以名之曰“风”者，或正因其采自民间，可以借此考见各地方的民风。《左传》记吴季札观乐于鲁太师，乐工所歌，《小雅》、《大雅》、《颂》及《周南》、《召南》之外，还有邶、鄘、卫、王、郑、齐、豳、秦、魏、唐、陈诸国之风，而曰“自郐以下盖无讥焉”，这正是风诗可以合乐之证。《晋书·乐志》所记，东汉雅乐郎杜夔犹能记忆尚能歌唱的四篇诗，《魏风·伐檀》即其一篇，这又是风诗可以合乐的一证。《史记·孔子世家》亦云：“三百五篇孔子皆弦歌之，以求合《韶》、《武》、雅、颂之音。”《庄子》也说：“孔子诵诗三百，弦诗三百，舞诗三百。”可见三百五篇全部可以合乐了。《论语》记孔子正乐，所以只说“雅、颂各得其所”者，是举雅、颂二者以概全部之《诗》，并不是说孔子正乐仅及雅、颂而独遗风诗。

梁氏又释“雅”道：

> 雅者，正也。殆周代最通行之正乐，公认为正声，故谓之“雅”。《仪礼·乡饮酒》云：“工歌《鹿鸣》、《四牡》、《皇皇者华》，笙《南陔》、《白华》、《华黍》；乃间，歌《鱼丽》、笙《曲庚》；歌《南有嘉鱼》，笙《崇丘》；歌《南山有台》，笙《由仪》。……工告于乐正曰：‘正乐备。’……”凡《小雅》、《大雅》之诗皆用此体，故谓之“正乐”，谓之“雅”。

旧说训“雅”为正，又训“正”为政，曰“政有小大，故有《小雅》焉，有《大雅》焉。”此实曲解。梁氏之说，远胜旧解。梁氏又谓《仪礼》所记乐工以歌诗与“笙歌”同时合奏，相依而节，正如今西乐的伴奏。例如歌《鱼丽》时，即笙《由庚》以为伴，《由庚》但有音符之谱而无辞可歌，其音节则与《鱼丽》相应云云。我们由此可以明白，三百十一篇中，这六篇笙诗所以有目无诗之故；《诗经》篇目虽有三百十一，而实际上则仅有诗三百零五篇之故。晋束皙乃以此六篇诗为已亡而补之，不是很可笑的事吗？不过所谓“雅”者，我觉得还有意思可以补充。“雅”和“雅言”、“方言”之“雅”一样，是对于带有地方色采的乐歌（如采自各国之“风”、起自南方之“南”）而言的。所谓“雅言”，和我们现在讲普通话标准国语，读标准国音一般。《论语·述而》篇：“子所雅言，《诗》、《书》、执礼。”这是说孔子读《诗》、读《书》和执礼（即今司仪赞礼之类）时，是用普通话的。因为大、小《雅》是周代国定的标准音乐，所以谓之“正乐”，名之曰“雅”。

梁氏的释“颂”，其说更为新颖而合理：

> 后人多以颂美之义释“颂”，窃疑不然。《汉书·儒林传》云：“鲁徐生善为颂。”苏林注云：“颂貌威仪。”颜师古注云：“颂读与‘容’同。”颂字从页，页即人面，故容貌实颂字之本义也。然则《周颂》、《商颂》等诗，何故名

为“颂”耶？南、雅皆唯歌，颂则歌而兼舞。《周官》：“奏《无射》，歌《夹钟》，舞《大武》。”（见春官司乐）《礼记》：“朱干玉戚，冕而舞《大武》。”（见《祭统》）《大武》为《周颂》中主要之篇，而其用在舞。舞则舞容最重矣，故取所重，名此类诗曰“颂”。《乐记》云：“夫《武》，始而北出，再成而灭商，三成而南，四成而南国是强，五成而分周公左、召公右，六成复缀以崇天子。夹振之而四伐，盛威于中国也；分夹而进，事蚤济也；久立于缀，以待诸侯之至也。”观此，则《大武》舞容何若，尚可仿佛想见。三《颂》之诗皆重音节，此其所以与雅、南之唯歌者有异，与风之不歌而诵者更异也。略以后世之体比附之，则风为民谣，南、雅皆为乐府歌辞，颂则剧本也。

梁氏此节有自注云：

今本《周颂》惟“於皇武王”一章七句，标题为《武》。然据《左传》宣十二年，楚庄王云：“武王克商，作《武》，其卒章曰‘耆定尔功’，其三曰‘敷时绎思，我徂维求定’，其四曰‘绥万邦，屡丰年’……。”今本惟“耆定尔功”在《武》之章，“敷时绎思”云云其章名曰《赉》，“绥万邦”云云其章名曰《桓》，而春秋时人乃并指为《武》之一部，且确数其篇次。可见今本分章非古，而《大武》之诗不止一章矣。

按“颂”字从页，公声，本音容（余封切）。《说文》云：“皃也。”皃即今“貌”字，是容貌为“颂”字之本义。《乐记》注云：“缀，表也，乐舞所以表行立也。”至于所谓“再成”、“三成”、“四成”、“五成”、“六成”，以现代的话来比况，和剧的幕数、京剧的出数差不多。

综上所述，则《诗》三百五篇可以分作四类：

（一）南　是一种起于南方的乐歌，是一种曲终合奏的乐歌。所以名曰“周南”、“召南”者，大概采自周公、召公的采地，是那两地方的人们摹仿南方的乐歌而作的。其中《汉广》、《汝坟》、《江有汜》等，或许是南人原有的诗歌而流入北方的。

（二）风　是各地民间的歌谣，是民俗文艺。它们流行于民间时，原是播之唇吻的徒歌，即或合乐，也只是极简陋的乐器而已。及经𬨎轩使者采集，献之太师，乃以合乐。风既为民间的歌谣，故作者皆为平民，皆为无名的作家。

（三）雅　南与风都不能脱它们原有的地方色彩，雅却是国家规定的正式的、标准的乐歌。以有大、小之别者，想也是因音乐而分的等级。至其作者则为士大夫，其内容则为对于朝政的美刺。

（四）颂　南、风、雅三类只是歌唱的，颂则歌而兼舞。其用多在宗庙朝廷，其旨则为歌功颂德。

诗和音乐的关系，我们已知其梗概，那么什么时候又和音乐脱离了关系呢？为什么脱离的呢？诗歌一类的文艺，初起时大概是民间的歌谣。这些歌谣被采集以后，往往和音乐配合起来，于是渐渐地为文人们所注意、所摹仿而成为当代著名的文学。可是文人并不是个个都懂得音乐的，他们的作品未必都能和音乐协调，于是渐渐地和音乐脱离关系，于是又有新兴的文学起而代之。乐府诗、近体诗、词、曲等都是循着这条路衍变的，《诗经》也是如此。汉代研究《诗经》的经生所注意的是章句训诂以及文字方面的研究，而专长音乐的人，如制氏者，又仅能记其铿锵鼓舞而不能言其义（见《汉书·艺文志》），因此文字和音乐便被打成两橛。何况那时候已是乐府诗的全盛时代，采辑、撰作、配乐等等工作都集中于乐府诗，《诗经》式的文艺已到了没落的时期呢？所以虽然还有摹仿《诗经》的四言诗，亦已不为当时的人们所注意，绝没有以之配合音乐的；就是已合乐而可以歌唱的三百五篇，也因无人留意而遂渐失其乐谱及歌唱之法。故东汉末，在刘表那儿的雅乐郎杜夔，所能歌的已仅《驺虞》、《伐檀》、《鹿鸣》、《文王》四篇。自此以后，诗可合乐歌唱的话，已不复见于载籍，诗和乐便完全脱离了关系。我们如以现在读《诗经》的只能念诵而不能歌唱，遂以为《诗经》的诗从未和音乐发生过关系，便是一种错误的观念，和现代人以为唐人的绝句也只能念诵吟咏而不可歌唱合乐，其错误正复相类。

第五章

《书》

第五章
《书》

书，记也，以其为上古所记之史书，故称“尚书”。尚者，上也。陆德明《经典释文叙录》云：“以〔其〕上古之书，谓之‘尚书’。”但亦有异说，郑玄以为孔子纂《书》，尊而命之曰“尚书”，盖言若天书然；王肃则云：“上所言，下为史所书，故曰，‘尚书’。”郑玄之说，固嫌迂诞；王肃亦是狃于“左史记言，右史记事；事为《春秋》，言为《尚书》”之传说（见《汉书·艺文志》。按《礼记·玉藻》云“天子玄端而居，动则左史书之，言则右史书之”，恰与《汉志》相反。其实记言、记事皆为史职，言、事相关，亦不能绝对分掌，且《尚书》内容，虽谟、训、誓、诰甚多，亦有记事之文），不如直捷简明地解作“上古之书”。

《诗》遭秦火而全，故今古文但有说解之不同，而篇目并无大异。《尚书》则有今文，有古文，有伪古文，篇数多寡悬殊，为经学上聚讼纷纭之一书。今为使读者明了起见，分述如左：

（一）今文《尚书》　为汉初伏生所传。伏生名胜，字子贱，济南人，故秦博士。秦焚书时，伏生壁藏《尚书》，其后兵大起，流亡。汉定，伏生求其书，亡数十篇，得二十九篇，以教于齐、鲁之间（见《汉书·儒林传》，《史记·儒林列传》、《汉书·艺文志》略同）。文帝时，求能治《尚书》者，天下无有。闻伏生治之，欲召，时伏生年九十余，老不能行，于是诏太常使掌故晁错往受之（《史》、《汉》之《儒林传》）。伏生年老不能正言，使其女传言教错（《释文叙录》引古文《尚书》。《释文》又有“伏生失其本经，口诵二十九篇传授”之说）。二十九篇之篇目如下：

1.《尧典》，2.《皋陶谟》，3.《禹贡》，4.《甘誓》，5.《汤誓》，6.《盘庚》，7.《高宗肜日》，8.《西伯戡黎》，9.《微子》，10.《牧誓》，11，《洪范》，12.《金縢》，13.《大诰》，14.《康诰》，15.《酒诰》，16.《梓材》，17.《召诰》，18.《洛诰》，19.《多士》，20.《无逸》，21.《君奭》，22.《多方》，23.《立政》，24.《顾命》，25.《康王之诰》，26.《费誓》，27.《吕刑》，28.《文侯之命》，29.《秦誓》。

或谓伏生所传之《尚书》仅二十八篇，则以《康王之诰》一篇合于《顾命》（康有为《伪经考·书序辨伪》即据二十八篇之说。按《史记·周本纪》“……作《顾命》……作《康王之诰》”，似本为二篇），于是或以后得之《秦誓》益之，以足二十九篇之数（王充《论衡·正说》篇）；或谓伏生所传《尚书》二十九篇中有《书序》一篇（陈寿祺《左海经辨·今文尚书有序说》）。按《汉志》云“经二十九卷”，班固自注云：“大小夏侯二家，欧阳经三十二卷。”“二”字，一本作“一”。其下，列“欧阳章句三十一卷”、“大小夏侯章句各二十九卷”、“大小夏侯解故二十九篇”。欧阳之经当与章句卷数相同，大小夏侯的经与章句、解故亦同为二十九卷。欧阳所以独为三十一卷者，江声谓系分《盘庚》为上、中、下三篇之故。刘歆《移让太常博士书》云：“《泰誓》后得，博士集而读之。”《释文叙录》云：“汉宣帝本始中，河内女子得《泰誓》一篇，献之，与伏生所诵合三十篇，汉世行之。然《泰誓》年月不与《书序》相应，又不与《左传》、《国语》、《孟子》众书所引《泰誓》同，马（融）、郑（玄）、王肃诸儒皆疑之。”则陆德明也认为《泰誓》当在二十九篇之外，清龚自珍《泰誓答问》辨之尤详。至于《书序》，今本伪古文《尚书》散附于各篇之首，旧本合为一篇，故或以为二十九篇中之一。康有为《伪经考·书序辨伪》辨之甚详，可参阅。

（二）古文《尚书》《汉志》六艺略书类首列“古文经四十六卷”，自注云：“为五十七篇。”其书类序云：“古文《尚书》者，出孔子壁中。武帝末，鲁共王（‘共’同‘恭’）坏孔子宅，欲以广其宫，而得古文《尚书》及《礼记》、《论语》、《孝经》凡数十篇，皆古字也。共王往入其宅，闻鼓琴瑟钟磬之音，于是惧，乃止不坏。孔安国者，孔子后也，悉得其书。以考二十九篇，得多十六篇，安国献之，遭巫蛊事，未列于学官。”按《史记·五宗世家》的鲁共王传中并无此项记载，《儒林列传》亦仅云：“孔氏有古文《尚书》，而安国以今文读之，因以起其家。”所多十六篇，后均亡，其目如下：

1.《舜典》，2.《汨作》，3.《九共》，4.《大禹谟》，5.《弃稷》，6.《五子之歌》，7.《胤征》，8.《汤诰》，9.《咸有一德》，10.《典宝》，11.《伊训》，12.《肆命》，13.《原命》，14.《武成》，15.《旅獒》，16.《毕命》。

此十六篇加今文二十九篇，共四十五篇，又加后得之《泰誓》，共为四十六，即《汉志》所云“四十六卷”，其中《九共》分为九篇、《盘庚》分为三篇、《泰誓》分为三篇，共五十八篇（见《七略别录》）。《汉志》云“五十七篇”者，因建武时亡《武成》一篇。但马融《书序》已云：“逸十六篇，绝无师说。”则所谓张楷作注，卫宏、贾逵作训者，仍止解今文二十九篇。故古文所多的十六篇，后即亡失。

（三）伪古文《尚书》　东晋元帝时梅赜所上。赜字仲真，汝南人，官豫章内史。“赜”，《世说新语》作“颐”，惠栋《古文尚书考》因之；《隋书·经籍志》作“赜”，阎若璩《尚书古文疏证》因之。《释文叙录》云：“江左中兴，元帝时，豫章内史梅赜奏上孔传古文《尚书》。亡《舜典》一篇，购不能得，乃取王肃注《尧曲》从‘慎徽五典’以下分为《舜典》篇以续之。”《尧典》既分出《舜典》一篇，《盘庚》亦分为三篇，又从《皋陶谟》分出《益稷》一篇（古文《尚书》所多十六篇中本有《弃稷》，故分出《益稷》以当之），故为三十三篇。此外又增二十五篇，其目如下：

1.《大禹谟》，2.《五子之歌》，3.《胤征》，4.《仲虺之诰》，5.《汤诰》，6.《伊训》，7.《太甲》上，8.《太甲》中，9.《太甲》下，10.《咸有一德》，11.《说命》上，12.《说命》中，13.《说命》下，14.《泰誓》上，15.《泰誓》中，16.《泰誓》下，17.《武成》，18.《旅獒》，19.《微子之命》，20.《蔡仲之命》，21.《周官》，22,《君陈》，23.《毕命》，24.《君牙》，25.《冏命》。

合上三十三篇，共计五十八篇。此书现存十三经中。

以上三种《尚书》，除古文《尚书》因较今文本所多之十六篇已亡，实际上等于全书已亡佚外，伪古文《尚书》现在完全存在，今文《尚书》二十九篇亦即保存于伪古文中。我们为什么说十三经中的《尚书》是伪古文呢？因为南宋时吴棫作《书稗传》，已疑其与今文不类，《朱子语类》中也有疑辞，明梅鷟作《尚书谱》、《尚书考异》始明斥其伪，至清阎若璩作

《尚书古文疏证》，乃从客观方面分条考证，于是作伪之迹昭然若揭，丁晏作《尚书余论》，更证明其为王肃所伪造。虽曾有毛奇龄《古文尚书冤词》之类为之辩护，但已铁案如山，无从翻案了。王肃，字子邕，魏东海人。说经好难郑玄，至不惜伪造《孔子家语》、《孔丛子》以做他《圣证论》的根据，其伪造古文《尚书》，本是他一贯的作风啊！可是现在十三经本《舜典》开始的"曰若稽古帝舜，曰重华，协于帝，濬哲文明，温恭允塞，玄德升闻，乃命以位"二十八字，则又为齐明帝时吴兴姚方兴所上，云于大航头买得的（见《释文叙录》），则更是伪中之伪了。经本既伪，所谓孔安国传亦是假造的。唐太宗时命孔颖达等定《五经正义》，《尚书》即用梅本，注即用伪孔安国传，故相沿至今，仍存《十三经注疏》中。

此外，又有杜林得之西州的桼书（"桼"，古"漆"字）、张霸的百两篇。前者见于《后汉书·杜林传》，言"林前于西州得漆书古文《尚书》，皆以古文奇字书之，常宝爱之，虽遭艰困，握持不离身，出以示（卫）宏等"云云。后者见于《汉书·儒林传》，言"世所传百两篇者，出东莱张霸，分析今（本作'合'，从王引之校）二十九篇以为数十，又采《左氏传》、《书序》为作首尾，凡百二篇，篇或数简，文意浅陋。成帝时求其古文者，霸以能为百两征。以中书校之，非是。霸辞受父，父有弟子尉氏樊並，时大中大夫平当、侍御史周敞劝上存之。后樊並谋反，乃黜其书"。这二种久已亡失，也不必仔细去考究它了。

现存伪古文《尚书》每篇前面均列有《书序》，据说本是合成一篇的，后来分散列于各篇之前的。除伪古文的五十八篇之外，还有许多是有序无书的，其目如下：

> 《汩作》,《九共》九篇,《帝告》,《釐沃》,《汤征》,《汝鸠》,《汝方》,《夏社》,《疑至》,《臣扈》,《典宝》,《明居》,《肆命》,《徂后》,《沃丁》,《咸乂》四篇,《伊陟》,《原命》,《仲丁》,《河亶甲》,《祖乙》,《高宗之训》,《分器》,《旅巢命》,《归禾》,《嘉禾》,《成王征》,《将蒲姑》,《贿肃慎之命》,《亳姑》,《费誓》。

合之五十八篇，恰好百篇。因为西汉末、东汉初，经古文家本有《尚书》百篇之说，据此说，则古文五十八篇（并《武成》计之）也还是秦火的烬余残缺的本子，今文二十九篇更不必说了。《汉书·艺文志》云：

> 《易》曰："河出图，洛出书，圣人则之。"故《书》之所起远矣，至孔子纂焉。上断于尧，下讫于秦，凡百篇，而为之序，言其作意。

那么，这百篇的《书序》是孔子所作的了。所引《易》语，见

《易·系辞上》。相传伏羲时龙马负图出于河，夏禹时神龟负图出于洛。但所谓“河图”、“洛书”终究是神话性质的物事，而且与《尚书》何关？这且不去管他，《史记·孔子世家》对于这事也有记载：

> 孔子追迹三代之礼，序《书》传，上纪唐虞之际，下至秦穆，编次其事。

据此，则《尚书》曾经孔子编定，当系事实。但“序《书》传”的“序”字，安知非“次序”之意？所以孔子作《书序》的话，今文家是不相信的。康有为《伪经考》中有一篇《书序辨伪》，是专攻孔子作《书序》的。因为他们认为今文《尚书》并非残缺之本，故以为《书序》百篇之说决不可信了。

总之，古文《尚书》较今文本所多的十六篇，今既不复存在；梅本古文《尚书》又已经清代许多学者考证，为王肃所伪造，则可信的只有幸而保存于伪古文《尚书》中的二十九篇今文而已。读假书，徒费时间精力，如果要阅读《尚书》，只须读这二十九篇。《尚书》本分《虞书》、《夏书》、《商书》、《周书》四部分。《虞书》仅《尧典》（当去《舜典》篇首“曰若稽古……乃命以位”二十八字，合之《尧典》。据《礼记·大学》篇引，《尧典》似当作《帝典》）、《皋陶谟》二篇，《夏书》仅《禹贡》、《甘誓》二篇，《商书》则有《汤誓》、《盘庚》、《高宗彤日》、《西伯戡黎》、《微子》诸篇，《牧誓》以下便都是《周书》了。《尚书》所记，固以言语文告为主，但如《禹贡》则全篇皆记事之辞，极似后世史书中之《河渠书》、《地理志》；《顾命》则大部分是记丧礼的；《金縢》所记，亦重在叙事，轻在记言。所以我认为，《尚书》并不完全是记言之史。不过，就大体看，则多数是谟、诰、誓、训、命等文章。

韩愈《进学解》有云："周《诰》、殷《盘》，诘屈聱牙。"的确，《尚书》的文辞是很古奥难读的。试想，誓是出征时对士兵的文告，和现代的《北伐誓师宣言》一类的文章性质相近；诰是布告民众的，和现代的《告民众书》一类的文章性质相近（《盘庚》所记，即重在盘庚要迁都，因人民反对，向人民劝谕的话）。给大众看的文告，为什么做得这般古奥，致令古文大家韩愈都以为"诘屈聱牙"地难读呢？三代时候教育并不普及，难道大众都能懂得这样古奥的文章吗？不，决不！《尚书》的文章所以难懂，所以使我们觉得"诘屈聱牙"，便因为是古代的白话文告的缘故呀！《汉书·艺文志》里有几句话说得很妙：

> 《书》者，古之号令。号令于众，其言不立具，则听受施行者弗晓。古文读应尔雅，故解古今语而可知也。

"立具"就是立刻写成，不加润饰。"尔"同"迩"，近也。"雅"即上章所说"雅言"之"雅"，指那时的标准语言而言。这明说《书》中所记大都是古代的号令文告，是给大众看的。它里面的话，如果不是照当时的口语立刻写成文字，而加以种种润色文饰，则听受施行这些号令的大众便不能知晓。古文读起来应该近于那时的标准语言，不至用方言来作文告，所以只须能通解古今语言，便可知道它们的意思了。因为口头的语言，无论语音、声调、词汇、句法都是极易变动的，写成文字，便传之千百年也不会再变动了。口头的语言，既因古今时代之异而大大地变动，写成文字的古代语言却没有变，所以非能通解古今语者，便觉得它们古奥难懂，“诘屈聱牙”了。以叹词为例，《尚书》里用的是“都”、“俞”、“吁”、“咈”之类，我们现在是用“好呀”、“唯”、“唉”、“嗳”之类了；以代词为例，《尚书》里用“余”、“予”、“台”、“朕”之类的，我们现在一概都称“我”了；以助词为例，《尚书》句末用“夫”的，现在用“吧”了，句中用“者”的，现在用“的”了。何况其他各种名物制度、语词句法都和现在截然不同，我们怎么还能一目了然呢？

善读古书，善用古书的，我以为莫如司马迁。他所作的《史记》，如《五帝本纪》、《殷本纪》、《夏本纪》、《周本纪》诸篇，有许多材料采自《尚书》，却把它们都译成汉代通行的文章。我随手举一个例来证明吧，《尧典》里有这样一段记载：

……允釐百工，庶绩咸熙，帝曰：“畴咨，若时登庸？”

放齐曰："胤子朱启明。"

帝曰："吁！嚚讼，可乎？"

帝曰："畴咨，若予采？"

驩兜曰："都！共工方鸠僝功。"

帝曰："吁！静言庸违，象恭滔天。"

帝曰："咨！四岳，汤汤洪水方割，荡荡怀山襄陵，浩浩滔天，下民其咨，有能俾乂？"

佥曰："於！鲧哉。"

帝曰："吁！咈哉！方命圮族。"

岳曰："异哉，试可乃已。"

帝曰："往钦哉！"

九载，绩用弗成。

帝曰："咨！四岳，朕在位七十载，汝能庸命，巽朕位。"

岳曰："否德忝帝位。"

曰："明明扬侧陋。"

师锡帝曰："有鳏在下，曰虞舜。"

帝曰："俞，予闻，如何？"

岳曰："瞽子。父顽，母嚚，象傲，克谐以孝，烝烝乂，不格奸。"

帝曰："我其试哉。"女于时，观厥刑于二女。釐降二女于妫汭，嫔于虞舜。帝曰："钦哉！"

这段记载我们虽然加了新式标点，按对话式分行写录如上，还不能完全懂得它的意思。《史记·五帝本纪》却把它译成了汉代通行的文章：

……信饬百官，众功皆兴，尧曰："谁可顺此事？"

放齐曰："嗣子丹朱开明。"

尧曰："吁！顽凶，不用。"

尧又曰："谁可者？"

谨兜曰："共工旁聚布功，可用。"

尧曰："共工善言，其用僻，似恭漫天，不可。"

尧又曰："嗟！，四岳，汤汤洪水滔天，浩浩怀山襄陵，下民其忧，有能使治者？"

皆曰："鲧可。"

尧曰："鲧负命毁族，不可。"

岳曰："异哉，试不可用而已。"

尧于是听岳言用鲧，九载，功用不成。

尧曰："嗟！四岳，朕在位七十载，汝能庸命，践朕位。"

岳应曰："鄙德忝帝位。"

尧曰："悉举贵戚及疏远隐匿者。"

众皆言于尧曰："有矜在民间，曰虞舜。"

尧曰："然，朕闻之，其何如？"

岳曰："盲者子。父顽，母嚚，弟傲，能和以孝，烝烝治，不至奸。"

尧曰："吾其试哉。"于是尧妻之二女，观其德于二女。舜饬下二女于妫汭，如妇礼。尧善之。

司马迁作《史记》，采用了《尚书》的材料，尚且要翻译成浅近的通行的文章；后世文人做他们当代的文章，却偏要摹仿《尚书》，点窜《尧典》，剿袭《大诰》，这真是何苦来呢？

还有一点，也得加以说明的。经传诸子所引之《书》，有许多篇目为今文二十九篇、古文所多的十六篇以及伪古文所多的二十五篇所无的，如《尚书大传》及《史记·殷本纪》引《帝诰》，《尚书大传》及《史记·周本纪》与《卫世家》所引《嘉禾》，这些篇目尚在《书序》百篇中，尚可说它们是《尚书》百篇中已逸之篇。至如《墨子·兼爱》及《明鬼》所引《禹誓》、《左传》襄四年所引《夏训》、定四年所引《伯禽》《唐诰》、《墨子·非乐》所引《武观》、《兼爱》所引《汤说》、《尚同》所引《相年》、《礼记·缁衣》所引《尹吉》、《尚书大传》所引《大战》《揜诰》《多政》，则并《书序》百篇中亦无此篇目。大概孔子纂定之《书》原仅二十九篇，其余的都是孔子编次时未曾采取之篇吧！

我们阅读《尚书》，还得记住孟子的话："尽信《书》则不如无《书》。吾于《武成》，取二三策而已矣。仁人无敌于天下，以至仁伐至不仁，而何其血之流杵也？”《尚书》虽然是经孔子删定的古代史料，也未必完全可信。近人顾颉刚等以怀疑的态度研究古史，虽然有时似乎过于疑古，但很可以供我们参考。我们以读古代史的眼光来读《尚书》，便不当一味地尊信它、盲从它。《韩非子·显学》篇说：“孔子、墨子俱道尧、舜而取舍不同，皆自谓真尧、舜，尧、舜不复生，将谁使定儒、墨之诚乎？”我们须知孔子道尧、舜也有所取舍。史料是客观的，取舍是主观的，就客观的史料加以主观的取舍，则其所编纂是否尽如客观存在的史实，不还是一个问题吗？周秦诸子皆喜托古改制，在《诸子与理学》这一册里已经详加说明，则孔子编纂《尚书》，以己意定取舍，当然也是他托古改制的手段。这也是我们读《尚书》时所应当注意的。

第六章

《礼》(一)——《仪礼》与《周礼》

第六章
《礼》（一）——《仪礼》与《周礼》

十三经中有《仪礼》，有《周礼》，有《礼记》，这就叫做“三《礼》”。严格地说，则《仪礼》与《周礼》是“经”，《礼记》是“记”非“经”。本章先就《仪礼》、《周礼》二书加以说明，下章再讲《礼记》。

《汉书·艺文志》礼类著录有“《礼》古经五十六卷，经七十篇”，“古经”指《仪礼》古文本，“经”指《仪礼》今文本。宋人刘敞校云：“‘七十’疑系‘十七’之误。”按《汉志》又云：“汉兴，鲁高堂生传《士礼》十七篇。……《礼》古经者，出于鲁淹中及孔氏，学七十篇文相似，多三十九篇。”刘敞校云：“‘学’当作‘与’，‘七十’亦‘十七’之误。”按，十七篇加三十九篇，正是五十六卷。据此，则《仪礼》十七篇，现存十三经中者为汉高堂生所传之今文本。古文本有五十六卷，则出于鲁之淹中里及孔宅壁中。鲁恭王坏孔宅壁得古文书，中有《仪礼》，而民间复有流传本。但古文本较今文本所多之三十九篇，后复亡失，故又谓之“逸《礼》”（见《经典释文叙录》）。

《仪礼》十七篇，所以又称“士礼”者，据说因为它所记的都是士的阶级的礼仪，而没有天子、卿、大夫、诸侯之制，所以宣帝时研究《礼》的专家后仓有“推《士礼》而致于天子”之说（见《汉志》），而古文派则认为这十七篇是不完全的本子。又按《汉志》但云“《礼》古经”及“经”，并无“仪礼”的名称，两汉经学家于十七篇无称“仪礼”者，宋范晔作《后汉书》时亦尚无“仪礼”之名，梁陈以后至于唐代，方有“仪礼”之名（见《经典释文》等书）。清段玉裁有《礼十七篇标题汉无仪字说》（见《经韵楼集》），考证极为精详。

这十七篇，原有三种本子：戴德本、戴圣本、刘向《别录》本。二戴为后仓弟子，《别录》本想系经刘向校订的。但三本的不同，仅在篇目的次序而已。郑玄注系用《别录》本，即现存《十三经注疏》中的，其篇目如下：

1.《士冠礼》，2.《士昏礼》，3.《士相见礼》，4.《乡饮酒礼》，5.《乡射礼》，6.《燕礼》，7.《大射》，8.《聘礼》，9.《公食大夫礼》，10.《觐礼》，11.《丧服》子夏传，12.《士丧礼》，13.《既夕礼》，14.《士虞礼》，15.《特牲馈食礼》，16.《少牢馈食礼》，17.《有司彻》。

按这十七篇的目录，已可见其内容并不限于士的阶级，而“士礼”之名不足以包括它们了。《礼记·王制》以冠、昏（同“婚”）、丧、祭、乡、相见为“六礼”，《礼运》亦有“达于丧、祭、射、乡（按‘乡’字本作‘御’，当为‘乡’字之误）、冠、昏、朝、聘”之语，又云：“其行之以货力、辞让、饮食、冠、昏、丧、祭、射、乡（‘乡’字旧亦误作‘御’）、朝、聘。”所以十七篇的内容，实不外乎古代冠、昏、丧、祭、乡、射、朝、聘这八种礼节的仪式。至于吉、凶、军、宾、嘉为“五礼”之说，出于《周礼》，且十七篇中并无军礼，可以说和《仪礼》无关。

《仪礼》既为记古代礼仪之书，所以我们阅读时往往不易了解，不易发生兴趣。除了考究古代社会文化情形之外，实在没有研读它的必要。可是社会有许多相沿成习的礼俗，还可从这部书中找出它们的根源来。例如在一般旧式人家的讣闻上，还有用五等丧服的：

（一）斩衰三年　这是最重的丧服，普通于父母丧服之。“衰”音崔，同“缞”。以粗麻布为衣，下摆不缝缉者，谓之“斩衰”。服丧期限是三年。

（二）齐衰期年　这是第二等丧服，孙于祖父母丧服之。“齐”音咨，同“齋”。粗麻衣下摆缝缉的，叫做“齐衰”。服丧期限则减至一周年了。

（三）大功九月　这是第三等，为从堂兄弟之服。以熟布为丧服，服之九月。

（四）小功六月　这是第四等丧服了，服丧者与死者的关系更疏远了，期限亦减至六月。

（五）缌麻三月　这是最轻的一等。做丧服的熟布比功服更细，期限也更短，关系自然也更疏了。

以上就是所谓“五服”。如果详细地说起来，其中还有许多考究，这里只极简单地提一提。推其来源，便须细读《仪礼》的《丧服》和子夏的《丧服传》了。

所谓“礼”，本是社会生活的一种秩序，往往是参酌社会上的习俗而定的。可是社会上的礼俗是随着生活情形而变动的，即在古代，也是殷因夏礼而有所损益，周因殷礼而有所损益的（孔子语，见《论语·为政》篇），何况数千年后，政治、经济的制度以及和生活有密切关系的物质文明、社会情形都已改变，自然没有恢复古礼的可能与必要。所以我们现在读《仪礼》，决不是要想“通经致用”，把数千年以前的古代礼仪搬演到现代的人生舞台上来。

《仪礼》之外，还有一部《周礼》，也算是《礼经》。《汉志》礼类有“《周官》经六篇”，班固自注云：“王莽时刘歆置博士。”则此书原名“周官”，据荀悦《汉纪》，改称“周礼”亦自刘歆。它的内容是记官制的，记官制的书而亦称为“礼”者，因为古代礼字的意义所包很广，即官制也是礼的一端。此书内容分六篇：

一、天官冢宰　即明清时的吏部；

二、地官司徒　即明清时的户部；

三、春官宗伯　即明清时的礼部；

四、夏官司马　即明清时的兵部；

五、秋官司寇　即明清时的刑部；

六、冬官司空　即明清时的工部。

可见数千年后六部尚书的官制，还是从这部书里出来的。据说，《周官》经是景帝子河间献王德所上（见《汉书·景十三王传》），《经典释文叙录》云：“河间献王开献书之路，时有李氏上《周官》五篇，失冬官一篇，乃购〔以〕千金不得，取《考工记》以补之。……王莽时，刘歆为国师，始建立《周官》经，以为《周礼》。”这部经，是只有古文本，没有今文本的。虽说是河间献王得之民间，但西汉时并不著名，埋没在中秘书里，到刘歆校书时方发现它、表彰它。

此书的作者相传为周公，而后世学者，对于此书的真伪，真可说是“聚讼纷纭，莫衷一是”。《礼记·礼器》云：“经礼三百，曲礼三千。”郑玄注云：“‘经礼’谓《周礼》也，其官有三百六十。曲，犹事也。‘事礼’谓今礼也。礼篇多亡，本数未闻，其中事仪三千。”郑君之意，谓“三百”者，举《周礼》三百六十官之成数而言。“经礼”、“曲礼”，盖以《周礼》与《仪礼》并举言之。按《艺文志》亦有“礼经三百，威仪三千”之语，《礼记·中庸》作“礼仪三百，威仪三千”。则所谓“经礼”、“礼经”、“礼仪”是指礼仪的大纲而言，所谓“曲礼”、“威仪”是指礼仪的细节而言，所谓“三百”、“三千”殆皆虚数（参见汪中《释三九》），不能谓为一指《周礼》、一指

《仪礼》，本很明白。宋张载《横渠语录》云："《周礼》是的当之书，然其间必有末世增入者。"这可说是调停折中之说。因为《周礼》在诸经中，其出最晚，且只有古文而无今文，故古文家虽尊崇之以为周公所定的官制，今文家则以为是刘歆伪造的古书，两派主张各趋极端，不能相下，所以有这种调停的主张。张载的话说得太简单，还不足为调停说的代表。南宋郑樵《通志》引孙处之言曰：

> 周公居摄六年之后，书成归丰，而实未尝行。盖周公之为《周礼》，亦犹唐之《显庆》、《开元礼》，预为之以待他日之用，其实未尝行也。惟其未尝行，故仅述大略，俟其临事而损益之。故建都之制，不与《召诰》、《洛诰》合；封国之制，不与《武成》、《孟子》合；设官之制，不与《周官》合；九畿之制，不与《禹贡》合。

此节见《通志·经籍略》。"居摄"，成王幼，周公旦为冢宰摄政也。"丰"，亦作"酆"，为文王故都。周公摄政六年，以成王七年归政，返居于丰。显庆，唐高宗年号；开元，玄宗年号。高宗、玄宗时所定《显庆礼》、《开元礼》都不曾实行。《召诰》、《洛诰》、《武成》、《周官》、《禹贡》，皆《尚书》篇名。成王欲营洛邑，使召公奭先往相宅，作《召诰》，又使周公往营成周，作《洛诰》，故均记建都之制。《武成》中涉及封国之制者，仅“列爵惟五，分土惟三”二语；《孟子·万章下》北宫锜章所言，则所封之爵为“公一位，侯一位，伯一位，子、男同一位”，所封之国为“公、侯皆方百里，伯七十里，子、男五十里”，但都与《周礼》夏官职方氏所记不同。《尚书·周官》篇谓六卿之上有三公三孤，亦为《周礼》所无。《禹贡》篇末记王畿之外有五服，曰甸、侯、绥、要、荒；职方氏则云王畿之外分九畿，曰侯、甸、男、采、卫、蛮、夷、镇、藩。清纪昀《四库全书总目提要》亦主调停之说，而言之更详：

> 夫《周礼》作于周初，而周事之可考者不过春秋以后，其东迁以前三百余年官制之沿革、政典之损益，除旧布新，不知凡几。其初去成、康未远，不过因其旧章稍为更易，而改易之人不皆周公也。于是以后世之法窜入之，其书遂杂。其后去之愈远，时移势变，不可行者渐多，其书遂废。此亦如后世律令条格率数十年而一修，修则必有所附益。特世近者可考，年远者无征，其增删之迹遂靡所稽，统以为周公之旧耳。迨乎法制既更，简编犹在，好古者留为文献，故其书阅久而仍存。此又如《开元六典》、《政和五礼》，在当代已不行用，而今日尚有传本，不足异也。使其作伪，何不全伪六官而必阙其一，至以千金购之不得哉？且作伪者必剽取旧文，借真者以实其赝，古文《尚书》是也。刘歆宗《左传》，而《左传》所云“礼经”皆不见

> 于《周礼》。《仪礼》十七篇皆在《七略》所载古经七十篇中,《礼记》四十九篇亦在刘向所录二百十四篇中，而《仪礼·聘礼》宾行饔饩之物、禾米薪刍之数、笾豆簠簋之实、铏壶鼎甕之列，与掌客之文不同；又《大射礼》天子诸侯侯数侯制，与司射之文不同;《礼记·杂记》载子男执圭，与典瑞之文不同;《礼器》天子诸侯席数，与司几筵之文不同，如斯之类，与二《礼》多相矛盾。歆果赝托周公为此书，又何难牵就其文，使与经传相合以相证验，而必留此异同以启后人之攻击？然则《周礼》一书，不尽原文而非出依托，概可睹矣。

按《开元六典》，唐玄宗时撰，记唐官制，亦曰《唐六典》(六典者，治典、教典、礼典、政典、刑典、事典即本《周礼》六官)。政和，宋徽宗年号。五礼谓吉、凶、军、宾、嘉，此书记宋代礼制。纪氏所云“古文《尚书》”，指梅本伪古文。纪氏又云“《仪礼》十七篇皆在《七略》所载古经七十篇中”，误。“七十”当作“十七”，即本章上文所说《仪礼》十七篇，并非“古经”。“《礼记》……”云云，亦有误，详见下章。《聘礼》、《大射礼》皆《仪礼》篇名,《杂记》、《礼器》皆《礼记》篇名。“掌客”,《周礼》秋官司寇之属；“司射”当作“射人”，夏官司马之属；“典瑞”、“司几筵”，皆春官宗伯之属。“侯数侯制”之“侯”，指射箭的靶子。纪氏这段文章，虽其中不免有些错误，倒也能“持之有故，言之成理”。

至于以《周礼》为刘歆伪造者，则以康有为之《周官证伪》为能集其大成。原书具在，可以参阅，兹但就康氏《伪经考·汉书艺文志辨伪》篇中撮录数语，以见一斑：

《周官》经六篇，自西汉前未之见，《史记·儒林传》、《河间献王传》无之，其说与《公》、《谷》、《孟子》、《王制》、今文博士皆相反。《王莽传》所谓“发得《周礼》以明因监”，故与莽所更法立制相同，盖刘歆所伪撰也。歆欲附成莽业而为此书，其伪群经乃以证《周官》者，故歆之伪学此书为首。自临孝存难之，何休以为战国阴谋之书，盖汉今文家犹知之。自马、郑尊之，康成以为三《礼》之首，自是盛行。苏绰、王安石施之为治，以毒天下。乃至大儒朱子亦称为“盛水不漏，非周公不能作”，为歆所谩甚矣！歆伪诸经，唯《周礼》早为人窥破。胡五峰季本、万斯同辨之已详，姚际恒亦置之《古今伪书考》中矣。又按贾公彦序《周礼》废兴，引《马融传》云：“至孝成皇帝，达才通人刘向子歆校理校书，始得列序著于《录》、《略》。时众儒以为非是，唯歆独识。其年尚幼，末年乃知其为周公致太平之迹。……”云“唯歆独识，众儒以为非是”，事理可明，此为歆作《周官》最易见。其云向著录者，妄耳。或信以为真出刘向，且谓诟厉《周礼》为误；

> 且谓周公致太平之迹，郑君取之为不以人废言，则受歆欺给矣！……史迁时盖未有《周官》，有则《儒林传》必存之。孝存以为武帝知《周官》末世渎乱不验之书，亦犹有误。武帝时本无《周官》，何得有议耶？则孝存尚未知其根源也。今以《史记·河间献王传》及《儒林传》正定之，其真伪决矣。盖歆为伪经，无事不力与今学相反。总集其存，则存《周官》。今学全出于孔子，古学全出于周公。盖阳以周公居摄佐莽之篡，而阴以周公抑孔子之学，此歆之罪不容诛者也！

康氏不但不信《周礼》为周公作，且不信为周公定制，后复有人增删，亦并不信其为战国人所作，而直斥为刘歆所伪造以佐王莽者。我们按之《汉书·王莽传》，其所改革之官制、政令竟与《周礼》吻合，最奇怪的是刘歆《移让太常博士书》中，只提及逸《礼》、古文《尚书》、左氏《春秋》而并未说到这部《周官》经。则康氏所说，亦非毫无根据的了。其所以缺冬官者，或正是作伪者的狡狯手段亦未可知。康氏又谓歆之伪造《周礼》，亦有所本。《管子·五行》篇云：

> 昔者黄帝得蚩尤而明于天道，得大常而察于地利，得奢龙而辨于东方，得祝融而辨于南方，得大封而辨于西方，得后土而辨于北方。黄帝得六相而天下（“下”原作“地”）

治，神明至。蚩尤为当时，大常为廪者，奢龙为土师，祝融为司徒，大封为司马，后土为李。春者，土师也；夏者，司徒也；秋者，司马也；冬者，李也。

此即《周礼》六官所从出，但其官名、次序尚不尽与《周礼》相同。《大戴礼记·盛德》篇云：

家宰之官以成道，司徒之官以成德，宗伯之官以成仁，司马之官以成圣，司寇之官以成义，司空之官以成礼。

所记的官名和次序完全和《周礼》相同，《千乘》篇亦有“司徒典春，司马司夏，司寇司秋，司空司冬”的话。可见《周礼》六官，也非全出刘歆一人杜撰。

纪昀《四库全书总目提要》又论《考工记》云：

《考工记》称“郑之刀”，又称“秦无庐”。郑封于宣王时，秦封于孝王时，其非周公之旧典已无疑义。《南齐书》称文惠太子镇雍州，有盗发楚王冢，获竹简书，青丝编，简广数分，长二尺有奇，得十余简，以示王僧虔，僧虔曰：“是科斗书《考工记》。”则其为秦以前书，亦灼然可知。虽不足以当冬官，然百工为九经之一，共工为九官之一，先王原以制器为大事，存之尚稍见古制。俞庭椿以下纷纷割裂五官，均无知妄作耳！

按《考工记》云："郑之刀、宋之斤、鲁之削、吴越之剑，迁乎其地而弗能为良，地气然也。"又云："秦之无庐也，非无庐也，夫人而能为庐也。"庐，矛戟之柄，专造庐之工匠亦谓之"庐"。人人能造矛戟之柄，所以没有专造这种东西的工匠了。孝王始封非子于秦，宣王始封其弟友于郑，则在未封此二国以前，不会有这两个国名。文惠太子即萧长懋，为齐武帝长子。南朝时侨置雍州于襄阳，此云"镇雍州"即指襄阳。秦以后已通行小篆，而《考工记》有竹简科斗书，故谓为秦以前之书。《礼记·中庸》言"凡为天下国家有九经"，"来百工"即"九经"之一；虞舜时垂为共工，为九官之一。宋俞庭椿作《周礼复古编》，谓五官之属皆六十，因割取之以补冬官。此后丘葵、吴澄皆祖其说，故说《周礼》者，有主张"冬官不亡"一派。清江永谓《考工记》为东周后齐人所作，因为书中用语（如"茭"、"捭"、"终古"、"盛速"等），郑玄以为是齐语的很多。王芝藻则谓"《考工记》之文奇变而轨乎法，非周公莫能为之"（见所著《周礼订释古本》），则误以《考工记》本为《周礼》的一部分，也是周公所作了。

《考工记》为战国时的作品，已可断言。《周礼》本书，则真伪之论尚无定谳。按《汉书·艺文志》乐类序云："六国之君，魏文侯最为好古。孝文时，得其乐人窦公，献其书，乃《周官》

大宗伯之大司乐章也。”似战国初已有此书。或者窦公确曾上此书，刘歆取以入伪造之《周官》；或者《汉志》原以《七略》为蓝本，刘歆欲证明《周官》而故为此说，亦未可知。但魏文侯卒于周安王十五年，为公元前387年；汉文帝元年为公元前179年，相距凡二百零八年。窦公如为魏文侯的乐人，至文帝时尚在，他的年龄不是已二百几十岁了吗？则《汉志》所说，必无此事明矣。清皮锡瑞《三礼通论》云：

> 《周官》与周时制度多不符，其非周公之书可知。孔子所谓“吾学周礼”，亦非《周官》之书。北宫锜问周室之班爵禄，《周官》言班爵禄极详，孟子乃云“其详不可得而闻”，而所谓“尝闻其略”者，又不同《周礼》而同《王制》。若《周官》为周公所手定，必无孔、孟皆不见之理。其书盖出孔、孟后也。

这倒是平心静气的话。

总之，《周礼》一书，无论是周公手定的，是周公所定经后人增删的，已试行过的并未见之实行的，或由于战国时人依托的，甚而至于确为刘歆伪造的，仍有一读的价值。为什么呢？因为它，无论如何是我国古代一种理想的官制，而且后来不但王莽变法、苏绰定制、王安石变法曾以之为尝试，我国近世期的官制确有许多是采取这部书的。至于《考工记》，尤其可藉以考见我国战国时代工业进化的状况。所以虽非周公之书，其可供我们阅读的价值，我以为反在《仪礼》之上。

第七章

《礼》(二)——《礼记》

第七章
《礼》（二）——《礼记》

《汉书·艺文志》礼类有“记百三十一篇”，自注云：“七十子后学者所记也。”《儒林传》引郑玄《六艺论》云：“戴德传记八十五篇，则《大戴礼》是也；戴圣传记四十九篇，则此《礼记》是也。”《隋书·经籍志》说得比较详细：

> 汉初，河间献王又得仲尼弟子及后学者所记一百三十一篇，时亦无传之者。至刘向考校经籍，检得一百三十篇，因第而叙之。又得《明堂阴阳记》三十三篇、《孔子三朝记》七篇、《王史氏记》二十一篇、《乐记》二十三篇，凡五种，合二百十四篇。戴德删其繁重，合而记之，为八十五篇，谓之“大戴记”。而戴圣又删大戴之书为四十六篇，谓之“小戴记”。汉末，马融传小戴之学，又益《月令》一篇、《明堂位》一篇、《乐记》一篇，合四十九篇。

十三经中的《礼记》便是这四十九篇的《小戴记》。《大戴记》不在十三经中，本来不必去说它，因为它和《小戴记》有关，所以不能不提及。《隋志》叙述这二种《礼记》的来历，似乎非常明白，但细按之则不可通。第一，二戴为武帝、宣帝时人，岂能删哀帝时人刘向所校定之书？《隋志》所云，盖本于晋陈邵的《周礼论序》。陈邵说："戴德删古礼二百四篇为八十五篇，谓之'大戴礼'；圣删《大戴礼》为四十九篇，是为《小戴礼》。"（见《经典释文序录》引）陈氏说戴德删古礼，固然嫌其含糊；但可推得其所谓"古礼"即指《隋志》所云"记五种，合二百十四篇"，不过篇数少了十篇而已。《隋志》因为这五种记皆见于《七略》（《汉志》著录书籍即本《七略》。记百三十一篇、《明堂阴阳》三十三篇、《王史氏》二十一篇，均入礼类；《乐记》二十三篇，入乐类；《孔子三朝记》七篇，入论语类），遂以为是刘向所校定，而忽略了刘向的时代远在二戴之后，遂闹这个大笑话。第二，戴圣的《小戴记》是从《大戴记》删取的话，也靠不住。因为二书所采之篇虽然有相同的，究以不同者居多。盖大、小戴各以己意为取去，并非小戴就大戴已选定之八十五篇中再加删定的。此点清代经学家已辨之甚明。第三，《隋志》认为小戴所定本只有四十六篇，《月令》、《明堂位》、《乐记》三篇是马融加入的，这话也不可信。《后汉书·桥玄传》云："七世祖仁，著《礼记章句》四十九篇。"桥仁正是小戴的弟子（见《汉书·儒林传》）。又《曹褒传》云："父充，持庆氏《礼》；褒又传《礼记》四十九篇，教授诸生。"则西汉与二戴同为后仓弟子的庆普所传之《礼记》亦为四十九篇。孔颖达《礼记正义》于《乐记》篇题下云："按《别录》，《礼记》四十九篇。"《月令》、《明堂位》篇题下云："此于《别录》属明堂阴阳。"则刘向所校之本亦为四十九篇，而此三篇原为《礼记》所有，不是马融增入的了。

《隋志》所说，《大戴记》八十五篇加《小戴记》四十六篇，恰合"记百三十一篇"之数。所以小戴删大戴之说，颇有人信以为真。但二戴《记》所采的范围，并非限于这百三十一篇的记，如《孔子三朝记》、《明堂阴阳》、《王史氏记》、《乐记》四种中也有所采取。此其一。二戴所辑各篇，并非完全相避的。如《哀公问》、《投壶》二篇，现尚并存于二戴《记》中；《小戴记》有《曲礼》、《礼器》等篇，亦见于《大戴记》的逸篇篇目中；《大戴记》的《曾子大孝》，全文见《小戴记》的《祭义》中，《诸侯衅庙》，全文见《小戴记》的《杂记》中，《大戴记》之《朝事》的一部分见《小戴记》的《聘义》中，《本事》的一部分见《小戴记》的《丧服四制》中。此其二。所以《小戴记》并不是以《大戴记》为蓝本而重加删定的。因此，我们可以断定，十三经中的《礼记》是西汉人戴圣所编定的一部丛书。

《礼记》四十九篇的篇目如下：

1.《曲礼》上下，2.《檀弓》上下，3.《王制》，4.《月令》，5.《曾子问》，6.《文王世子》，7.《礼运》，8.《礼器》，9.《郊特牲》，10.《内则》，11.《玉藻》，12.《明堂位》，13.《丧服

> 小记》, 14.《大传》, 15.《少仪》, 16.《学记》, 17.《乐记》, 18.《杂记》上下, 19.《丧大记》, 20.《丧服大记》, 21.《祭法》, 22.《祭义》, 23.《祭统》, 24.《经解》, 25.《哀公问》, 26.《仲尼燕居》, 27.《孔子闲居》, 28.《坊记》, 29.《中庸》, 30.《表记》, 37.《缁衣》, 32.《奔丧》, 33.《问丧》, 34.《服问》, 35.《间传》, 36.《三年问》, 37.《深衣》, 38.《投壶》, 39.《儒行》, 40.《大学》, 41.《冠义》, 42.《昏义》, 43.《乡饮酒义》, 44.《射义》, 45.《燕义》, 46.《聘义》, 47.《丧服四制》。

四十七篇中有《曲礼》、《檀弓》、《杂记》各分上下篇，并计之当为五十篇。或云因《丧服大记》下《正义》无"郑《目录》"云云，当与《丧大记》合为一篇，故仍为四十九篇。据孔颖达《正义》于每篇下所引郑玄《目录》云"此于《别录》属某某"，则《别录》于此四十九篇，共分八类：

（一）通论类　此类通论礼意，为孔子以后，七十子后学至秦汉儒家对于政治、教育、学术、修养等之理论，最有一读之价值。《檀弓》上下、《礼运》、《玉藻》、《大传》、《学记》、《经解》、《哀公问》、《仲尼燕居》、《孔子闲居》、《坊记》、《中庸》、《表记》、《缁衣》、《儒行》、《大学》十六篇属之。

（二）制度类　此类记古代之制度，大之则班爵、封国之制度，小之则器具、服物之制度，各有记录。《曲礼》上下、

《王制》、《礼器》、《少仪》、《深衣》六篇属之。

（三）丧服类　此类专记丧服。《曾子问》、《丧服小记》、《杂记》上下、《丧大记》、《丧服大记》、《奔丧》、《问丧》《服问》、《间传》、《三年问》、《丧服四制》十二篇属之。

（四）吉礼类　郑玄《目录》亦称“吉事”，此类皆记古文所谓“吉礼”、“吉事”。《投壶》、《冠义》、《昏义》、《乡饮酒义》、《射义》、《燕义》、《聘义》七篇属之。

（五）祭祀类　古人最重祭祀，故言礼者都重视它。《郊特牲》、《祭法》、《祭义》、《祭统》四篇属之。

（六）子法类　郑玄《目录》亦云“世子法”，此类记古代为人子之礼法，以不限于世子，故取“子法”一名为标。《文王世子》、《内则》二篇属之。

（七）乐记类　此论乐理者，仅《乐记》一篇。

（八）明堂类　亦称“明堂阴阳”类，《月令》及《明堂位》二篇属之。

以上八类是根据《正义》所引郑玄《目录》整理出来的，郑氏既说“此于《别录》属某某”，则此八类当是刘向所分了。我们如果对这四十九篇《礼记》重新加一番检讨，似当分为下列四大类：

甲、记录性质的，又可分为四种：

（一）记政制的　可以考见古代政治制度之一斑，如《王制》、《玉藻》、《月令》、《明堂位》等篇。

（二）记礼节的　可以考见古代礼俗的一斑，如《曲礼》、《内则》、《少仪》、《投壶》等篇。

（三）记掌故的　虽仅记某项掌故，但有可以为后人模范的意思，如《文王世子》。

（四）记孔子及时人杂事的　和《论语》的性质差不多，如《仲尼燕居》、《孔子闲居》及《表记》、《缁衣》、《哀公问》、《檀弓》等篇。

乙、考证性质的，对古代制度或礼节、服物加以专门的考证者，如《礼器》、《深衣》等可以考证器物，《郊特牲》、《祭法》等可以考证祭礼，《丧服记》、《奔丧》等可以考证丧制。

丙、传注性质的，此类实《仪礼》十七篇之传注，如《冠义》之于《士冠礼》、《昏义》之于《士昏礼》、《乡饮酒义》之于《乡饮酒义》、《燕义》之于《燕礼》、《聘义》之于《聘礼》等。

丁、议论性质的，如《礼运》、《大学》之论政治，《经解》之论学术，《乐记》之论乐理，《中庸》之论性理，《学记》之论教育，《儒行》之论人品。

甲类记政制、记礼节的，乙类考证制度、礼节、服物的诸篇，是研究古代文化的资料；丙类传注性质的，是研究《仪礼》的参考资料。可是这类专门的研究并不是人人所须做、所能做的，所以这两部分阅读时不妨搁置。甲类记掌故的那一篇《文王世子》，并不是很重要的掌故，也没有亟于阅读的必要。不过《曲礼》中却有些值得注意的格言，例如：

敖（同“傲”）不可长，欲不可从（同“纵”），志不可满，乐不可极。

临财毋苟得，临难毋苟免。

礼闻取于人，不闻取人；礼闻来学，不闻往教。

礼尚往来，往而不来非礼也，来而不往亦非礼也。

富贵而知好礼，则不骄不淫；贫贱而知好礼，则志不慑。

毋剿说，毋雷同。

贫者不以货财为礼，老者不以筋力为礼。

甲类中记孔子各篇，可与《论语》互相发明者甚多。例如《仲尼燕居》云：“师，尔过，而商也不及。”正和《论语》答子贡问的“师也过，商也不及”相同。《中庸》云：“明乎郊社之礼、禘尝之义，治国其如示诸掌乎。”正和《论语》答或问禘之说章云“知其说者之于天下也，其如示诸斯乎？指其掌”相同。此类甚多，不胜枚举。而《坊记》所谓“君子贵人而贱己，先人而后己”、“善则称人，过则称己”，《表记》所谓“君子庄敬日强，安肆日偷”、“君子之接如水，小人之接如醴；君子淡以成，小人甘以坏”，诸如此类，都是有益于立身处世的格言。就是《檀弓》所记，极像《韩非子》的《内外储说》，而且琐屑极了，但如杜蒉扬觯以谏平公、饿者蒙袂而不食黔敖嗟来之食、孔子以“能执干戈以卫社稷”而主勿殇重汪踦各节，含义都是很好的。

甲、乙、丙三类还不算是《礼记》中必须阅读的文章，《礼记》中最重要、最精采的是丁类的几篇。《大学》以“明明德”、“新民”、“止于至善”为三纲领，“格物”、“致知”、“诚意”、“正心”、“修身”、“齐家”、“治国”、“平天下”为八条目，从身心修养推而及于家国天下，组成一有系统条理的伦理、政治一贯的理论，的确是一篇已成熟的儒家思想的论文。我们固然不必如朱子那样把它硬认为孔子和曾子的作品，却不能不承认它为孔子以后儒家思想的结晶，而且在以家族制度为本位的我国社会里，《大学》的议论也确是合理的。这是《礼记》中非读不可的一篇。

《中庸》是一篇论性理的文章，较《大学》似乎不易了解些。开首就说：“天命之谓性，率性之谓道，修道之谓教。”这三句，乍看便觉得有些玄奥。其实，说破了也没有什么难解。“天命之谓性”，就是说，天生成的，这叫做“性”。“率性之谓道”，就是说，顺这天所命的自然之性，这叫做“道”。“修道之谓教”，就是说，就这率性之道而加以修养的工夫，这叫做“教”。《荀子》所谓“不可学、不可事而在天者谓之性”（见《性恶》篇），王充所谓“性，生而然者也”（见《论衡·初禀》），就是《中庸》所谓“天命之谓性”。所谓“道”者，是人道，是不可须臾离的人道，所以虽独处隐微、不睹不闻，亦不能离此道，而须戒慎恐惧以存之。喜怒哀乐，未发是“性”，已发是“情”。当其未发，夫人能无所偏倚而合乎“中”；及其已发，则有中节者、有不中节者，中节者无所乖戾，故谓之“和”，则能率性而合乎“中”了。若能致此中和之情性，则“天地于是位，万物于是育”。所谓可以“赞天地之化育’的，无非是“致中和”之功。而所以“致中和”者，就是“修道之谓教”的工夫了。全篇所论，大致是所谓“教”的工夫，而所谓“教者尤注重于教育自己的一方面。教的方面，不外乎“知”与“行”；教的步骤，当由近及远、由卑及高，故曰“造端乎夫妇”，推而极之则可以至于“笃恭而天下平”；教的宗旨，不外乎“忠恕”，这正和《论语》所谓“一以贯之”的“夫子之道，忠恕而已矣”，及《大学》的“絜矩之道”相合；其要目在乎“知”、“仁”、“勇”三字，其总纲则在乎一个“诚”字；而所以“诚之”之道，则曰“博学”、“审问”、“慎思”、“明辨”、“笃行”。总之，以现代的术语来说，如其认《大学》为儒家的政治哲学，则《中庸》可以说是儒家的人生哲学，这两篇在儒家思想史中有同一的价值。朱子特地把它们从《礼记》中提出，与《论语》、《孟子》合为四书，并不能说他没有意思。不过以此四书属之孔子、曾子、子思，孟子，以为是“道统”之传，则未免为宋儒的偏见。

《儒行》篇记哀公问儒行而孔子答之，历举种种儒者之行，以明“衣逢掖之衣”、“冠章甫之冠”者，未必便是真儒。必须“其自立”、“其容貌”、“其备豫”、“其近人”、“其特立”、“其刚毅”、“其仕”、“其忧思”、“其宽裕”、“其举贤援能”、“其任举”、“其特立独行”、“其规为”、“其交友”、“其尊让”能有合于孔子所云者，方可谓之为“儒”。可见所谓“儒”者，其中也有许多类别等级，并不如一般人所想象的捧读几部死书，便可自命为“儒”的了。所以这篇也有一读的价值。

孔子最高的政治理想见于《礼运》。兹节录篇首论“大同”、“小康”的一节于下：

> 大道之行也，与三代之英，丘未之逮也，而有志焉。大道之行也，天下为公。选贤与能，讲信修睦，故人不独亲其亲，不独子其子，使老有所终，壮有所用，幼有所长，鳏寡孤独废疾者皆有所养，男有分，女有归。货恶其弃于地也，不必藏于己；力恶其不出于身也，不必为己。是故谋闭而不兴，盗窃乱贼而不作，故外户而不闭。是谓“大同”。
>
> 今大道既隐，天下为家。各亲其亲，各子其子，货力为己，大人世及以为礼，城郭沟池以为固，礼义以为纪，以正君臣，以笃父子，以睦兄弟，以和夫妇，以设制度，以立田里，以贤勇知，以功为己。故谋用是作而兵由此起，禹、汤、文、武，成王、周公由此其选也。此六君子者，

> 未有不谨于礼者也，以著其义，以考其信，著有过，刑（同“型”）仁讲让，示民有常。如有不由此者，在执者去，众以为殃。是谓“小康”。

原来所谓“礼治”，所谓禹、汤、文、武、成王、周公的郅治，在孔子看来，还是“大道既隐”之后的“小康”，他最高的理想政治则为“大道之行，天下为公”的“大同”。我们虽不赞成康有为《大同书》把孔子的“大同”附会牵涉到现代各种的主义上去，以为“老有所终，……幼有所长，鳏寡、孤独、废疾者皆有所养”就是养老院、残废院，儿童公育；“男有分，女有归”（康读如“岿”，谓能岿然独立）就是男女平等；“货不必藏于己，力不必为己”就是产业公有，“各取所需，各尽所能”。但在二千多年以前，已有这种“天下为公”之“大同”的政治理想，不能不说它是一种前进的政治理想。所以论大同一节，孙中山先生最赞佩它。这篇《礼运》实在也有一读的必要。

至于《乐记》之论乐，更多精粹之语。它所论的，可以说是“形而上”的音乐之原理。例如首段云：

> 凡音之起，由人心生也。人心之动，物使之然也。感于物而动，故形于声；声相应，故生变；变成方，谓之音；比音而乐之，及干戚羽旄，谓之乐。乐者，音之所由生也，

其本在人心之感于物也。是故其哀心感者，其声噍以杀；其乐心感者，其声啴以缓；其喜心感者，其声发以散；其怒心感者，其声粗以厉；其敬心感者，其声直以廉；其爱心感者，其声和以柔。六者非性也，感于物而后动，是故先王慎所以感之者。……

这一段是推论音乐之起源，竟从心理上找出它的根据来了。下文又云：

凡音者，生人心者也。情动于中，故形于声；声成文，谓之音。是故治世之音安以乐，其政和；乱世之音怨以怒，其政乖；亡国之音哀以思，其民困。声音之道，与政通矣。……

音为心声，故可以反映出某时代某国家的民众的社会心理，故曰“声音之道与政通”。至如：

乐者为同，礼者为异；同则相亲，异则相敬。乐胜则流，礼胜则离，合情饰貌者，礼乐之事也。……

乐者，天地之和也；礼者，天地之序也。和，故百物皆化；序，故群物皆别。……

乐也者，情之不可变者也；礼也者，理之不可易者也。

乐统同，礼辨异，礼乐之说，管乎人情矣。

这些都是礼、乐二者相提并论的。读了《乐记》，方懂得孔子论政礼、乐并重的道理。所以，《乐记》我们也得仔细地读它一遍。

《学记》可以说是我国古代儒家的教育学说，研究教育原理和教育史的人们都得细读。它开头便说“化民成俗，其必由学”，教育之重要，二语足以尽之。又谓：“学然后知不足，教然后知困，知不足然后能自反也，知困然后能自强也，故曰教学相长。”尚在求学时代或已在当教师的人们，都当加以体验。至于“不兴其艺，不能乐学”，尤与现代教学当注重学生的兴味之旨相合。又云：“君子之于学也，藏焉、息焉、修焉、游焉。夫然，故安其学而亲其师，乐其友而信其道，是以虽离师辅而不反。”“今之教者，呻其占毕，多其讯，言及于数，进而不顾其安，使人不由其诚，教人不尽其材，其施之也悖，其求之也拂。夫然，故隐其学而疾其师，苦其难而不知其益也，虽终其业，其去之必速。”我们试平心静气地体验一下，现代的学生究有多少人能安其学、亲其师、乐其友、信其道，虽离师辅而不反的？为什么隐其学、疾其师，苦其难而不知其益，刚一毕业，便离去之的倒居绝对多数？又云：“故君子之教，喻也，道而弗牵，强而弗抑，开而弗达。道而弗牵则和，强而弗抑则易，开而弗达则思。和易以思，可谓善喻矣。”这又和现代教育家所倡导的自学辅导主义，不谋而合了。总之，这是一篇有价值的教育理论，也是非读不可的。

这四十九篇《礼记》的内容，可谓丰富极了。那么，这些材料是从哪里来的呢？如《月令》，据《正义》引郑玄《目录》谓抄合《吕氏春秋》十二月纪的首章而成；《中庸》、《坊记》、《表记》、《缁衣》，据《隋书·音乐志》引沈约语，谓皆取自《子思子》（《汉志》诸子略儒家类有《子思子》二十三篇）；《乐记》，据张守节《史记正义》，谓为公孙尼子所撰次，《汉志》儒家类有《公孙尼子》二十八篇，或《乐记》采自《公孙尼子》亦未可知。按《汉志》乐类有《乐记》二十三篇。《礼记正义》引郑玄《目录》云："此于别录属《乐记》。"似谓《礼记》中之《乐记》即从《汉志》所录之《乐记》二十三篇中采录。《正义》则云："盖合十一篇为一篇。"则《汉志》所著录之《乐记》二十三篇，除十一篇合成一篇录入《礼记》之外，尚有十二篇，今已亡失了。据《礼记正义》及《别录》，则二十三篇目录尚可考见，录之如下：

（一）录入《礼记·乐记》者十一篇　《乐本》、《乐论》、《乐施》、《乐言》、《乐礼》、《乐情》、《乐化》、《乐象》、《宾牟贾》、《师乙》、《魏文侯》。

（二）已亡失者十二篇　《乐奏》、《乐器》、《乐作》、《意始》、《乐穆》、《说律》、《季札》、《乐道》、《乐义》、《昭本》、《昭颂》、《窦公》。

可见这四十九篇多采自其他古籍中，惜未能一一考查出它的来源。总而言之，都是孔子以后战国至秦汉间的儒家的作品（《王制》，据《正义》引卢植云："汉孝文皇帝令博士诸生作此书。"《经典释文》引同。陈寿祺《左海经辨》谓卢说本《史记·封禅书》，按《史记索隐》引刘向《别录》，谓文帝所造书有《本制》、《兵制》、《服制》等篇，以今《王制》参检绝不相合，非一书。而《月令》中有"命太尉"语，太尉乃秦官，此当为秦人作，故郑玄以为本之《吕氏春秋》）。编次之人，大家都知道是戴圣。但魏张揖《上广雅表》中有云："爰暨帝刘，鲁人叔孙通撰置《礼记》，文不违古。"则叔孙通或是编次《礼记》的第一人。而《汉志》所录《王史氏记》之王史氏，当亦叔孙通后继续编纂之人。惟十三经中之《礼记》最后曾经戴圣的编定，则为不可动摇的事实。

第八章

《易》

第八章
《易》

六经之中，有一部叫做《易》。这部书为什么叫做“易”呢？东汉郑玄《六艺论》中的《易论》说：“易一名而含三义，易简，一也；变易，二也；不易，三也。”《易》本来是卜筮之书，以六十四卦、三百八十四爻包括宇宙间一切事物的变化，可说是以简御繁，所以谓之“易简”。《系辞上》说：“乾以易知，坤以简能。易则易知，简则易从。易知则有亲，易从则有功。有亲则可久，有功则可大。可久则贤人之德，可大则贤人之业。易简而天下之理得矣。”这是第一义。《易》之用于卜筮，全在爻之变化，故又有“变易”之义。《系辞上》说：“在天成象，在地成形，变化见矣。”又说：“动则观其变而玩其占。”又说：“爻者，言乎变者也。”又说：“知变化之道者，其知神之所为乎？”这是第二义。古人认为《易》所以通天人之际，而其理则万世不易，故又有“不易”之义。《系辞下》说：“天下同归而殊涂，一致而百虑。”同归、一致，谓之“一本”；殊涂、百虑，谓之“万殊”。事物之变虽万殊，而其理则一本，这是第三义。郑玄之说，已极明白。《说文解字》“易”字下引秘书说曰：“日月为易，象阴阳也。”清段玉裁注云：“秘书谓纬书。……谓上从日象阳，下从月象阴。”《易》之为书，本是说阴阳变化之理的，所以名为“易”。此说虽出于纬书，倒也直截明白，可惜“易”字的下半实际上并不是从“月”字的。所以《说文解字》对这字的正解是：“蜥易、蝘蜓、守宫也，象形。”“易”的篆文即象一头四足的爬虫，是一个象形字。或谓守宫善于变化，故“易”之引申义为变易。其实守宫就是壁虎，据生物学说，它是并不会变化的，即使古人有这种涉及迷信的传说，也不足为训。

《易》又名“周易”。“易”字上加一“周”字，也有两种解说，一云“‘周易’者，言《易》道周遍，无不包也”，见郑玄《易论》。清皮锡瑞《易经通论》以为此说出于《系辞》的“《易》之为书也，周流六虚”。一云“周”为代名，对夏易《连山》、殷易《归藏》而言。此说出于《易纬》。按《周礼》春官之属，太卜掌三《易》之法，一曰《连山》，二曰《归藏》，三曰《周易》。郑玄《易赞》及《易论》云：“夏曰《连山》，殷曰《归藏》，周曰《周易》。”（杜子春云：“《连山》，伏羲；《归藏》，黄帝。”此别一说。）或谓名曰《连山》者，以艮卦为首；名曰《归藏》者，以坤卦为首；《周易》，则以乾卦为首。郑玄则释之云：“‘连山’者，象山之出云，连连不绝；‘归藏’者，万物莫不归藏于其中；‘周易’者，言《易》道周普，无所不备。”据郑玄所说，则《周易》之“周”，乃是“周普”之意，虽《周易》与《连山》、《归藏》并为三《易》，却并非代名了。

《易》之源出于八卦。八卦是：

☰乾卦，代表天　　☷坤卦，代表地

☳震卦，代表雷　　☶艮卦，代表山

☲离卦，代表火　　☵坎卦，代表水

☱兑卦，代表泽　　☴巽卦，代表风

这八个卦的画法，有八句口诀：

> 乾三连，坤六段。震仰盂，艮覆碗。
> 离中虚，坎中满。兑上缺，巽下断。

《系辞下》说："古者包牺氏之王天下也，仰则观象于天，俯则观法于地，观鸟兽之文与地之宜，近取诸身，远取诸物，于是始作八卦，以通神明之德，以类万物之情。""包牺"即伏羲（古无轻唇音，故"包"与"伏"可以音近通借），伏羲画八卦似乎是大家所公认的一种传说。但只寥寥的八卦，何以须"观象于天，观法于地，观鸟兽之文与地之宜，近取诸身，远取诸物"呢？画这八个卦究竟有什么用处呢？有人说，八卦是我国最早的文字。例如，《玉篇》所录的古"坤"字，就是从坤卦的卦画变来的。又如坎卦代表水，即是古"水"字。"益"字即"溢"之本字，从水从皿，其上半即象坎卦的卦画。"水"字最初之古文当横写似坎卦，象流水之形，后乃直写。又因八卦笔势是方的，或以为和巴比伦的楔形文字相象，甚且以此为汉族西来之证。这些说法虽然新颖可喜，但终嫌其没有根据。

以八卦两两相重，便变成了六十四卦。这六十四个卦可以按八卦中之一卦分别与乾、坤、震、艮、离、坎、兑、巽各卦相配而分成八组，系统地排列如下：

甲组（乾） 乾、否、无妄、遯、同人、讼、履、姤
乙组（绅） 泰、坤、复、谦、明夷、师、临、升
丙组（震） 大壮、豫、震、小过、丰、解、归妹、恒
丁组（艮） 大畜、剥、颐、艮、贲、蒙、损、蛊
戊组（离） 大有、晋、噬嗑、旅、离、未济、睽、鼎
己组（坎） 需、比、屯、蹇、既济、坎、节、井
庚组（兑） 夬、萃、随、咸、革、困、兑、大过
辛组（巽） 小畜、观、益、渐、家人、涣、中孚、巽

《周易》本书中六十四卦的次序并非这样排列的，它们的次序是：

1. 乾，2. 坤，3. 屯，4. 蒙，5. 需，6. 讼，7. 师，8. 比，9. 小畜，10. 履，11. 泰，12. 否，13. 同人，14. 大有，

15. 谦，16. 豫，17. 随，18. 蛊，19. 临，20. 观，21. 噬嗑，22. 贲，23. 剥，24. 复，25. 无妄，26. 大畜，27. 颐，28. 大过，29. 坎，30. 离，37. 咸，32. 恒，33. 遯，34. 大壮，35. 晋，36. 明夷，37. 家人，38. 睽，39. 蹇，40. 解，41. 损，42. 益，43. 夬，44. 垢，45. 萃，46. 升，47. 困，48. 井，49. 革，50. 鼎，51. 震，52. 艮，53. 渐，54. 归妹，55. 丰，56. 旅，57. 巽，58. 兑，59. 涣，60. 节，67. 中孚，62. 小过，63. 既济，64. 未济。

这种排列的次序，虽然《周易》里有《序卦》篇说明其先后衔接的所以然，但是有几卦终嫌牵强。

八卦既为伏羲所画，重叠八卦而成六十四卦的又是什么人呢？唐孔颖达《周易正义》卷端有论八篇，其一曰“论重卦之人”。说重卦之人，诸儒不同，凡有四说：

（一）伏羲画八卦，因而重之（晋王弼等）。

（二）神农重卦（东汉郑玄等）。

（三）夏禹重卦（晋孙盛等）。

（四）文王重卦（西汉司马迁等）。

孔颖达主张用第一说，其言曰：

其言夏禹及文王重卦者、案《系辞》，神农之时已有“盖取诸《益》与《噬嗑》”，以此论之，不攻自破。其以神农重卦，亦未为得，今以诸文验之。案《说卦》云:“昔者圣人之作《易》也，幽赞于神明而生蓍。”凡言“作”者，创造之谓也，神农以后便是述修，不可谓之“作”也，则“幽赞用蓍”谓伏羲矣。故《乾凿度》云:“垂皇策者羲。”《上系》论用蓍云:“四营而成《易》，十有八变而成卦。”既言圣人作《易》，十八变成卦，明用蓍在六爻之后，非三画之时。伏羲用蓍，即伏羲已重卦矣。《说卦》又云:“昔者圣人之作《易》也，将以顺性命之理。是以立天之道曰阴与阳，立地之道曰柔与刚，立人之道曰仁与义。兼三才而两之，故《易》六画而成卦。”既言圣人作《易》“兼三才而两之”，又非神农始重卦矣。又《上系辞》云:“《易》有圣人之道四焉，以言者尚其辞，以动者尚其变，以制器者尚其象，以卜筮者尚其占。”此之四事皆在六爻之后。何者？三画之时，未有《彖》、《繇》，不得有“尚其辞”；因而重之始有变动，三画不动，不得有“尚其变”；揲蓍布爻，方用之卜筮，蓍起六爻之后，三画不得有“尚其占”自然。中间以“制器者尚其象”，亦非三画之时，今伏羲结绳而为罔罟则是制器，明伏羲已重卦矣。又《周礼》“外史掌三皇五帝之书”，明三皇已有书也。《下系》云:“上古结绳而治，后世圣人易之以书契，盖取诸《夬》。”既象夬卦而造书契，伏羲有书契，则有夬卦矣。故孔安国《书序》云“古者伏羲氏之王天下也，始画八卦，造书契以代结绳之政”，又曰“伏羲、神农、黄帝之书谓之《三坟》”是也。又八卦小成，爻象未备；重三成六，能事毕矣。若言重卦起自神农，其为功也，岂比《系辞》而已哉？何因《易纬》等数所历三圣，但云伏羲、文王、孔子，竟不及神农？明神农但有“盖取诸《益》”，不重卦矣。故今依王辅嗣以伏羲既画八卦，即自重为六十四卦，为得其实。

按《说卦》但云“圣人作《易》”，并未明言“圣人”系指伏羲，必须有《卦辞》、《爻辞》方有所谓《易》，若仅重八卦为六十四卦，而无《卦辞》、《爻辞》，便只能谓之“演卦”，不得谓为“作《易》”。且此并《卦辞》而无之的六十四卦，亦不能用之于卦筮，亦不得“尚其辞”、“尚其占”。纬书本不可信，即《周礼》所云“三皇五帝之书”、伪孔安国《尚书序》所云“伏羲、神农、黄帝之书谓之三坟”，亦不可据。因为我国文字造于苍颉、沮诵，而二人俱为黄帝之史官的传说，已非信史（因为文字初造，便不能有史，既无史，何来史官）。即退一步，信此公认的传说为事实，则黄帝以前又安得有书？八卦即是文字与否，原属疑问，至多只能说它们是文字的滥觞。倘伏羲已造文字，何以神农之世还要结绳而用之？（《庄子·胠箧》篇及《说文解字序》均有此说。）即使更退一步，承认伏羲是创造书契之人，试问书契初造，便能做现在《周易》中的《彖》、

《象》、卦、爻之辞吗？不作卦辞、爻辞，而仅重八卦为六十四卦，试问有什么用处？有什么意思？至于《系辞》所说上古从包牺氏以降，世无所发明，而曰“盖取诸《离》……”云云，这是前世追叙之辞，认为适与《易》某卦相合，似取之于某卦之象而已。故不曰某人或某时取某卦而发明某事，而曰某人某时始作某物某事，盖取诸某卦。“盖”者不定之辞，明为后人拟议之言，怎能据此以断神农之前就有六十四卦呢？

周文王姬昌，殷纣时为西伯，尝被纣囚于羑里。被囚时，重八卦为六十四卦（见《史记·周本纪》，《太史公自序》及《报任安书》也说文王拘而演《周易》），卦辞、爻辞亦作于此时，故《汉书·艺文志》云：“至于殷、周之际，纣在上位，逆天暴物，文王以诸侯顺命而行道，天人之占可得而效，于是重《易》六爻，作上下篇。”我们可以推想，当文王被囚于羑里的时候，何等寂寞无聊？他在无聊之中，玩玩古已有之的八卦，把它们重叠起来变成六十四卦，每卦做一条卦辞，每爻做一条爻辞，用以卜筮，这和现在无聊的人们玩什么牙牌神数、打五关之类，实在没有什么两样啊！这样一来，却编成了一部卜筮之书的《易》，这原是很合于情理的事。所以《系辞》说：“《易》之兴也，其于中古乎？作《易》者其有忧患乎？”又说：“《易》之兴也，其当殷之末世，周之盛德邪？当文王与纣之事邪？”正是指这件事说的。

可是孔颖达却以为卦辞是文王作的、爻辞是周公作的，《周易正义》卷端“论卦辞爻辞谁作”一文中说：

> 验爻辞多是文王后事，案《升》卦六四“王用享于岐山”，武王克殷之后始追号文王为王，若爻辞是文王所制，不应云“王用享于岐山”。又《明夷》六五“箕子之明夷，武王观兵之后，箕子始被囚奴，文王不宜豫言“箕子之明夷”。又《既济》九五“东邻杀牛，不如西邻之祭”，说者皆云“西邻”谓文王、“东邻”谓纣，文王之时纣尚南面，岂容自言己德受福胜殷，又欲抗君之国，遂言东西相邻而已？又《左传》：“韩宣子适鲁，见《易》象云：‘吾乃知周公之德。’”周公被流言之谤，亦得为忧患也。验此诸说，以为卦辞文王、爻辞周公，马融、陆绩等并同此说，今依而用之。所以只言三圣不数周公者，以父统子业故也。

孔氏之说，乍看似乎理由充足得很，但孙志祖《读书脞录续编》说“王用享于岐山”的“王”乃指殷王，非周王；而且周自太王避狄去邠，早已邑于岐山之下了。孙氏又引《汉书·儒林传》所记蜀人赵宾说《易》，以为“箕子者，荄滋也”颜师古注：“荄滋，言其根荄方滋茂也。”《经典释文》亦载刘向说云：“今《易》‘箕子’作‘荄滋’。”可见箕子二字本非人名了。孙氏又说：“‘西邻’谓文王、‘东邻’谓纣，出后儒说解，非《易》本文，亦不足据。”孔氏所引韩宣子事，见《左传》昭公二年，原文作“见《易》象与鲁《春秋》，曰：‘周礼尽在鲁矣，吾乃知周公之德……。’”韩宣子的意思是赞扬周公之德之盛，封于鲁而文物备，藏书富，史官有法，不能据此便谓《易》之爻辞为周公所作。而且文王既重八卦为六十四卦，若仅作六十四条卦辞，仍未能用于卜筮，何况《系辞》明言“当殷之末世”、“文王与纣之事”呢？所以郑玄等说卦辞、爻辞都是文王所作（清皮锡瑞谓《史记·周本纪》仅言文王重卦，不言作卦辞；《鲁周公世家》亦不言周公作爻辞，以为卦辞、爻辞皆孔子作。此别一说）。

取八卦之二而重叠之，便成了六十四卦中的一卦。所以八卦每卦只有三画，六十四卦则每卦有六画，就是所谓“六爻”。《周礼》太卜疏曰：“卦之为言挂也，挂万象于上也。”六十四卦各有所取象，其显明而易解者，如《蒙》卦取山下出泉之象，《泰》卦取天地相交之象，《否》卦取天地不交之象……，垂象以示人，故曰“卦”。《系辞》云：“爻者，言乎其变也。”用六十四卦来卜，便须看它哪一画在变动，然后以这一画的爻辞来断吉凶。《左传》中记卜辞常曰“在某卦之某卦”，就是某一爻变动了，则某一卦变成了别一卦（例如宣公十二年晋楚邲之战：“《周易》有之，在《师》之《临》，曰：‘师出以律，否臧，凶。’”《师》卦为下坎上坤，“在《师》之《临》”者，就是说《师》卦最下的一爻变了，便成《临》卦下兑上坤，所以下面所引的就是《师》卦初六的爻辞）。爻有两种，一种是阳爻，一种是阴爻。乾卦六爻皆阳，坤卦六爻皆阴。阳爻叫做“九”，九是阳数；阴爻叫做“六”，六是阴数。从最下的一爻算起，如其它是阳爻，叫做“初九”；是阴爻，叫做“初六”。从第二爻到第五爻，则把表次序的数目字放在上面，表阴阳的“六”或“九”放在下面，如乾卦则曰“九二”、“九三”、“九四”、“九五”，坤卦则曰“六二”、“六三”、“六四”、“六五”。最上那爻，则又阳爻叫做“上九”，阴爻叫做“上六”了。我们如其以铜币有汉字的一面为阳，有龙或旗帜的一面为阴，用六个铜币，一直地按次序排在桌子上，不也可以摆出六十四卦中的一卦来吗？

八卦重叠成了六十四卦，各有卦辞；每卦六爻，各有爻辞，于是便完成了一部《易》。这部书，据说分成二篇，上篇三十卦，下篇三十四卦，是《易》的“经”，是用于卜筮的。孔子晚年很喜欢研究这部《易》，《史记·孔子世家》说他“读《易》韦编三绝”，《论语》记他自己的话道：“假我数年，卒以学《易》，可以无大过矣！”（见《述而》篇。“卒以学《易》”，《论语》作“五十以学《易》”，似为孔子未至五十岁时的话，与《史记》“晚而喜《易》”不合。且孔子是时正为中都宰，其政治生活方从此时发轫，崔适《史记探原》谓《史记》“孔子晚而喜《易》”一节，当移置下文“不试故艺”之下、“哀公十四年”之上，因此为孔子晚年之事，故疑“五十”二字乃“卒”字之误。）孔子“学而不厌”，“不知老之将至”的精神，于此可见一斑了。孔子既喜《易》，乃就其研究所得，作成所谓“十翼”者，附之《易》中。于是《易》由卜筮之书一跃而成言哲理之书，价值突然增高了不少。

那么，什么是“十翼”呢？就是《彖传》上下、《象传》上下（各依六十四卦分上下篇）、《系辞》上下、《文言》、《说卦》、《序卦》、《杂卦》，共计十篇，因为它们是辅翼《周易》的，所以称为“十翼”，是《易》的“传”（《史记》引《系辞》语，谓之“易大传”）。《史记·孔子世家》云：“孔子晚而喜《易》，序《彖》、《系》、《象》、《说卦》、《文言》。”《汉书·艺文志》六艺略易类序云：“孔氏为之《彖》、《象》、《系辞》、《文言》、《序卦》之属十篇。”这就是关于孔子作十翼的记载。现在把十翼的七种名称分别说明如下：

（一）《彖传》　六十四卦每卦有文王所作的卦辞（例如《乾》卦开端的“元亨利贞”四字），一名“彖辞”。“彖者，断也”（刘瓛《易注》）。每卦中“彖曰……”云云，方是孔子所加的《彖传》，有时也名为“彖辞”（例如《乾》卦“彖曰：大哉乾元……万国咸宁”一节），是统论一卦之义，或说一卦之德的。

（二）《象传》　亦称“象辞”，有二种：总论一卦之象者，曰“大象”（例如《乾》卦“象曰：天行健，君子以自强不息”）；论一爻之象者，曰“小象”（例如《乾》卦“潜龙勿用，阳在下也；……亢龙有悔，盈不可久也”一节）。“象也者，像也”(《系辞》)。“大象”皆从某卦所示之象，以想像推论及于人事。如《蒙》卦为上艮下坎，有山下出泉之象。泉从山下流出，是水之始，因而联想到童蒙是人之始，养正须重在童蒙的教育，故曰“君子以果行育德”。“小象”则从某爻所示之象，以想像推论及于人事。如《乾》卦上九是阳爻而在最高之位，故有“亢龙”之象，爻辞说它“亢龙有悔”，所以有悔者，因为高贵在上，易与下层隔绝，易于自满而骄，故曰“盈不可久也”。

（三）《系辞》 亦名“系辞传”，汉人或名之曰“易大传”，是泛论《易》理的，分上下二篇。但其中有“子曰”字，故欧阳修《易童子问》已疑其非出孔子手笔而为弟子所记。《彖传》、《象传》今散布于六十四卦中，《系辞》仍独立成篇。

（四）《文言》 亦称“文言传”，专论《乾》、《坤》二卦者。孔子谓《乾》、《坤》二卦为《易》之门户（见《系辞》)，故特作《文言》以诠释其经文。今本《周易》分隶《乾》、《坤》二卦中。

（五）《说卦》、《序卦》、《杂卦》 《说卦》说八卦之德业、变化及法象，《序卦》释六十四卦先后次序之意义，《杂卦》杂糅众卦，错综其义，或以同相类，或以异相明。此三篇亦各独立。

按《史记·孔子世家》，仅云“《序》、《彖》、《系》、《象》、《说卦》、《文言》”而不及《杂卦》，且所列次序亦凌乱。张守节《史记正义》始云:“夫子作十翼,谓《上彖》、《下彖》、《上象》、《下象》、《上系》、《下系》、《文言》、《序卦》、《说卦》、《杂卦》也。”《隋书·经籍志》云:“秦焚书,《周易》独以卜筮得存,唯失《说卦》三篇,宣帝时河内女子得之。”所谓“《说卦》三篇”,疑并《序卦》、《杂卦》计之。倘此说果确,则宣帝以前《说卦》尚缺,司马迁何由知之?且秦焚书之令明曰“卜筮之书不焚”,何致独焚此三篇?故或疑此三篇为后人伪托,并非孔氏之书。崔适《史记探原》并疑《孔子世家》中“序《彖》、《系》、《象》、《说卦》、《文言》”八字为刘歆所窜入,则十翼是否全出孔子还是疑问了。所谓“十翼”,本出于《易纬·乾凿度》“仲尼五十究《易》,作十翼”这几句话的,纬书原是不足信的呀!

十翼是否全出于孔子固是疑问,但孔子对《易》曾下过深切的研究,曾有所著述,而且引天道以论人事,使古时卜筮之书变为论哲理之书,由宇宙论演绎而为立身处世的伦理学说,则是不可动摇的事实。可是后来的学者偏仍喜欢从象数去研究《易经》,又把这一部通“天人之际”的哲理书重新回复到卜筮的领域去,怕不是孔子始料所及的吧!

第九章

《春秋》(一)

——《公羊传》与《谷梁传》

第九章
《春秋》(一)——《公羊传》与《谷梁传》

孟子曰:“世衰道微,邪说暴行有作,臣弑其君者有之,子弑其父者有之。孔子惧,作《春秋》。《春秋》,天子之事也。”(见《滕文公下》)则《春秋》经为孔子所作,毫无疑义。孟子又曰:“王者之迹息而《诗》亡,《诗》亡然后《春秋》作。晋之《乘》、楚之《梼杌》、鲁之《春秋》,一也。其事则齐桓、晋文,其文则史,孔子曰:‘其义则丘窃取之矣。’”据此,则《春秋》本鲁史,与晋之《乘》、楚之《梼杌》同,所记皆春秋时齐桓、晋文之事,其文皆为史书。孔子之作《春秋》,盖据鲁史为蓝本,所以是“作”非“述”者,以“其义”是孔子创立,非鲁史所有。盖孔子寓褒贬于书法之中,所谓“荣于华衮,严于斧钺”者,即指褒贬之辞而言。苟为乱臣贼子,虽在当世权势煊赫,亦难逃孔子文字之诛,故孟子又有“孔子作《春秋》而乱臣贼子惧”的话。盖自王室陵夷,辅轩采风、太师陈诗之制已废,而诗人美刺政治之作不可复睹,故曰“王者之迹息而《诗》亡”。《春秋》之褒贬,正与《诗》之美刺同一用意,故曰“《诗》亡然后《春秋》作”。然而赏罚诸侯大夫为天子之事,王室既衰,天子不复能行其赏罚,孔子以布衣作《春秋》,

以褒贬代赏罚，故曰“《春秋》，天子之事”。孔子自谓“窃取其义”者，原为谦辞，但也含有不在天子之位而以褒贬代行天子赏罚的意思，故又曰：“知我者其惟《春秋》乎，罪我者其惟《春秋》乎！”（亦见《孟子·滕文公下》。）知孔子者，知其因邪说暴行、乱臣贼子之多，不得已而作《春秋》；不知者，则将谓其以布衣而僭行天子之事了！《史记·孔子世家》于作《春秋》事，有一段较详细的记载：

> 子曰：“弗乎，弗乎！君子病没世而名不称焉。吾道不行矣，吾何以自见于后世哉？”乃因史记作《春秋》，上自隐公，下讫哀公十四年，十二公。据鲁，亲周，故殷，运之三代。约其文辞而指博。故吴、楚之君自称王，而《春秋》贬之曰“子”；践土之会，实召周天子，而《春秋》讳之曰“天王狩于河阳”，推此类以绳当世。贬损之义，后有王者举而开之。《春秋》之义行，则天下乱臣贼子惧焉。孔子在位听讼，文辞有可与人共者，弗独有也。至于为《春秋》，笔则笔，削则削，子夏之徒不能赞一辞。弟子受《春秋》，孔子曰：“后世知丘者以《春秋》，而罪丘者亦以《春秋》！”

这段记载，大意和《孟子》差不多。所谓“据鲁、亲周、故殷”者，言孔子据鲁史以《春秋》当新王，以褒贬代周天子之赏罚而以殷为胜代（“亲”与“新”形近，故古籍中常互误，如《礼记·大学》之“新民”作“亲民”，《尚书·金縢》之“亲迎”作“新述”）。《春秋》宣公十六年“成周宣榭灾”，《公羊传》曰：“外灾不书，此何以书？新周也。”何休《解诂》曰：“孔子以《春秋》当新王，上黜杞、下新周而故宋。”宋为殷之后，“故宋”即“故殷”，杞为夏后。孔子以《春秋》当新王而所据者鲁，故以《春秋》（或鲁，因《春秋》以鲁君记年）、周、殷为三代而不复上及夏，故曰“上黜杞”。下云“运之三代”者，就是《春秋》之义可以通用于三代的意思。春秋时，吴、楚之君都僭号称王，而《春秋》仍书其初封之爵，谓之“吴子”、“楚子”，这就是孔子所谓“正名”（见《论语·子路》篇）。鲁僖公二十八年，晋文公既败楚于城濮，周襄王亲来劳师，乃作王宫于践土，是年冬又召王莅会于河阳，而孔子《春秋》书曰“天王狩于河阳”者，一因为尊者讳，一以见诸侯的不应召天子。此二例，都可以见《春秋》贬损之义。这就是《孟子》引他自己的话，所谓“其义则丘窃取之矣”的“义”。

《春秋》所记，上起鲁隐公元年，下至鲁哀公十四年西狩获麟，凡十二公（隐、桓、庄、闵、僖、文、宣、成、襄、昭、定、哀）、二百四十二年，是一部断代的编年史。因为是编年体，故取四季之二而名之曰“春秋”（“春秋”本为编年之通称，指孔子所作而言则为专名）。所以至获麟而绝笔者，因为古人以麟为瑞兽，与以凤为瑞鸟同。圣人在天子之位则麟、凤出，故孔子有“凤鸟不至”之叹。哀公十四年春，狩于大野，叔孙氏的车子钼商获兽，少见多怪，以为不祥。孔子往视之，始知是麟，于是有“吾道穷矣”之叹。相传孔子那时还做了一首歌：

> 唐虞之世麟凤游，今非其时来何求？
> 麟兮，麟兮，我心忧！

从此，他老人家灰心已极，并《春秋》也不愿意做下去了。

《史记》说孔子作《春秋》，“约其文辞而指博”。“约其文辞”者，说它文辞的简约而谨严；“指博”者，说它含义的丰富而广博。《春秋》的文辞，真可说是简严极了。因为它简，所以王安石有“断烂朝报”之讥。不知这些极简单的文辞，是经过一番字斟句酌的。含有褒贬的大义者且不去说它，就是无甚关系的句子，修辞上也非常谨严的。例如僖公十六年，《春秋》经云“贾石于宋，五”，“六鹢退飞过宋都”。《公羊传》解这二句道：

> 曷为先言贾而后言石？贾石，记闻，闻其填然，视之则石，察之则五。……曷为先言六而后言鹢？六鹢退飞，记见也。视之则六，察之则鹢，徐而察之则退飞。

即此二例，可以见孔子修辞的严密了，所以《礼记·经解》以

“属辞比事”为《春秋》教。至于它的大义，别的且暂缓提及，如“大一统”和“尊王攘夷”二者，是大家公认的。“大一统”之旨，见于隐公元年第一条《春秋》经：“元年春，王正月。”这样简单的六个字，我们读了真有些莫明其妙，尤其是“王正月”三字为费解。《公羊传》解这三个字道：“王者孰谓？谓文王也。曷为先言王而后言正月？王正月也。何言乎王正月？大一统也。”原来寥寥三字，便是孔子表现他“大一统”的主张，真是所谓“其文约，其旨微”了。我们即使看了《公羊传》，仍难懂得他的用意吧！但是仔细一想，这三字并不难懂。夏、商、周三代的历，因所建的正月不同而异。夏建寅，以现在阴历的正月为正月；商建丑，以十二月为正月；周建子，以十一月为正月（见《尚书大传略说》）。孔子是赞成建寅的，所以答颜渊问为邦，有“行夏之时”的话（见《论语·颜渊》）。民间的习惯最难改革，所以我国现代自民国元年明令改用阳历以来已几十年，而民间仍沿旧习，过他们阴历的年。何况那时还是封建时代，政权还未十分统一呢？所以周代虽早已改用建子的周正，民间或尚有沿用夏、商旧历的；而且那时诸国分立，王政不纲，或竟有明白地不奉行周正的国家。孔子主张必须奉行周代的正朔，表示他大一统的主张，所以第一条便大书曰“王正月”。“正月”二字上特加一“王”字，显示《春秋》所用的是周王的正月，正和我们现在写阳历月日时标明“国历”同一道理。孔子主张“行夏之时”，是就历法的优劣说；《春秋》中仍用周正，却含有政治的主张，认为全国必须一统。至于“尊王攘夷”，那就用不着详加解释了，“尊王”是尊王室，“攘夷”是御夷狄，这又和现在高唱“拥护中央，抵抗侵略”的口号同一意义。“大一统”、“尊王攘夷”，确是针对着孔子那时代诸国分立的政治状况的政策呀！

《春秋》经也有今古文之别，今文经十一卷（附闵公于庄公），至哀公十四年春西狩获麟止；古文经十二卷（闵公独为一卷），至哀公十六年夏孔子卒止。《春秋》的传，现列十三经中的有三种，《公羊传》与《谷梁传》为今文，《左传》为古文。前二者释《春秋》经书法的义例，后者详《春秋》经所记的事实，这在第二章里都已说过。现在先说《公羊传》、《谷梁传》的大概，下章再说到《左传》。

《汉书·艺文志》春秋类有“《公羊传》十一卷”，班固自注曰：“公羊子，齐人。”颜师古注曰：“名高。”徐彦《公羊传疏》引东汉戴宏序曰：“子夏传于公羊高，高传与其子平，平传与其子地，地传与其子敢，敢传与其子寿。至汉景帝时，寿乃与齐人胡毋子都著于竹帛。”按公羊，复姓，《通志·氏族略》谓鲁有公羊高，与班固齐人之说异。传中有“子沈子曰”、“司马子曰”、“子女子曰”、“子北宫子曰”、“子高子曰”、“鲁子曰”，则传授之经师不皆为公羊氏可知。《谷梁传》引《公羊传》定公元年“正棺于两楹之间”句，径称“沈子”不称“公羊”，则凡传中不加“某某曰”者，亦不尽出于公羊子了。但又有称

“子公羊子曰”者，可见确非高所手撰。则师生世世口授，至汉时公羊寿与胡毋子都始著之竹帛的话，确为信而有征。而元程端学《春秋本义》竟误以公羊高为汉初人，未免太疏忽了！

《汉志》又有“《谷梁传》十一卷”，班固自注云：“谷梁子，鲁人。”颜师古注曰：“名喜。”按谷梁子之名各说不同，《尸子》谓名俶字元始（见《通志·氏族略》引），阮孝绪《七录》同；桓谭《新论》及应劭《风俗通》云名赤；杨士勋《谷梁传疏》则云名俶，一名赤；王充《论衡·案书》篇云名寘。皮锡瑞疑为如公羊氏之祖孙父子世世相传，此四名非即一人云，倒也不为无见。《姓氏寻源》云：“鲁有谷梁氏。‘梁’宜为‘粱’，当以谷种为氏。”按博陵有谷梁城，疑系以地为氏者。杨士勋称“谷梁子受经于子夏，为经作传”，似传为谷梁子自作。徐彦《公羊传疏》谓“公羊高五世相授，至胡毋生乃著竹帛，题其亲师，故曰‘公羊传’。《谷梁传》亦是著竹帛者题其亲师，故曰‘谷梁传’”，则又为传其学者所作。《谷梁传》定公元年亦称“沈子曰”，谷梁子既与公羊子同师子夏，不当及见后师。又“初献六羽”条（隐公元年）称“谷梁子曰”，如为谷梁子自作，不应自引其言。此条又引“尸子曰”，尸佼为商鞅之师，当在谷梁子后，不应预为称引。故《谷梁传》当亦如《公羊传》口耳相传，至汉初始著于竹帛，但著之竹帛者究为何人则已不可考了。

宋罗璧《识遗》谓公羊、谷梁，自高、赤作《春秋传》外，更不见有此姓。万见春言公羊、谷梁皆“姜”字切韵脚，故疑为姜姓假托（公音 gong，谷音 guo，于声母属见母之刚音；姜音 jiang，于声母属见母之柔音。羊、梁、姜之收音皆为 iang，于韵母皆属阳韵，平声。古音见母刚柔不分，故公羊、谷梁皆可切“姜”字）。按，“邾娄”为“邾”（《春秋》经隐元年有“公及邾娄仪父盟于眜”一条，古文经“邾娄”作“邾”，《经典释文》云“邾人语声后曰‘娄’，故曰‘邾娄’”），“勃鞮”即“披”（《左传》僖公二十四年之“寺人披”，二十五年作“寺人勃鞮”），“披”即“勃鞮”之切音。古人记人名，确有以反切代用之例。但子孙述其祖父、弟子记其先师，竟舍其姓氏之本字另用反切，未必会这样吧！近人蔡元培又谓“公”、“谷”双声，“羊”、“梁”叠韵，疑二传同出一人，也是未成定论的话。

《公羊传》与《谷梁传》虽都以释《春秋》经之义例为主，但所释的义例亦不尽同。例如隐公元年，《春秋》经仅有“元年春，王正月”六个字，没有记隐公即位。《公羊传》释之曰：

> 公何以不言即位？成公意也。何成乎公之意？公将平国而反之桓。曷为反之桓？桓幼而贵，隐长而卑，其尊卑也微，国人莫知。隐长又贤，诸大夫扳隐而立之，隐于是焉而辞立，则未知桓之将必得立也。且如桓立，则恐诸大夫之不能相幼君也。故凡隐之立，为桓立也。隐长又贤，

何以不宜立？立嫡以长不以贤，立子以贵不以长。桓何以贵？母贵也。母贵则子何以贵？子以母贵，母以子贵。

《谷梁传》所释，则与此颇有不同：

公何以不言即位？成公志也。焉成之？言君之不取为公也。君之不取为公何也？将以让桓也。让桓正乎？曰不正。《春秋》成人之美，不成人之恶，隐不正而成之，何也？将以恶桓也。其恶桓何也？隐将让而桓弑之，则桓恶矣；桓弑而隐让，则隐善矣。善则其不正焉，何也？《春秋》贵义而不贵惠，信道而不信邪。孝子扬父之美，不扬父之恶。先君之欲与桓，非正也，邪也。虽然，既胜其邪心以与隐矣，已探先君之邪志而遂以与桓，则是成父之恶也。兄弟，天伦也。为子受之父，为诸侯受之君，已废天伦而忘君父，以行小惠，曰小道也。若隐者，可谓轻千乘之国，蹈道则未也。

按隐公是惠公妃声子所生，虽长，为庶出；桓公为惠公夫人宋仲子所生，虽幼，为嫡子。惠公卒，桓公幼，隐公嗣立。隐公十一年，公子羽父去试探隐公的意思，请杀桓公。隐公曰："为其少故也，吾将授之矣。使营菟裘，吾将老焉。"羽父知道他将让国于桓公，大惧，反而向桓公去挑拨。十一月，使贼弑隐公而立桓公（见《左传》）。可见让国于弟，隐公素有此志，不料桓公反信了羽父的挑拨，竟置他的哥哥于死地。《春秋》经于隐公元年不书即位，《公羊传》、《谷梁传》都认为是成就隐公的意志，这是相同的，但《公羊传》认为“立子以贵不以长”、“子以母贵”，故桓公当立，隐公不当立，所以隐公的让国是对的；《谷梁传》则以为惠公之欲传位于桓是不正当的，诸侯之位是受之天子，不当以私意小惠让之于弟的，是以隐公为当立，让国于桓公是不对的。同是一件事实，同是一条不书即位的经文，而二传所释的义例不同，真可说是“仁者见仁，知者见知”了。以我个人的私见推测，恐怕隐公早存让国于弟之心，故即位之时并没有举行隆重的仪式，所以孔子老老实实地不书即位。二传揣度经义，似未免求之过深，《谷梁传》说孔子不赞成隐公让国，更似猜测之辞。因为孔子对于古代让国的伯夷、叔齐与太伯、虞仲，一则称其“求仁得仁”，一则称其“至德”，并没有因为他们预承先君之意让位于弟，以为是探其邪志，扬父之恶，而且那时孤竹君与周太王也正是殷的诸侯呀！

《公羊传》虽与《谷梁传》性质相同，而《春秋》之微言大义则以《公羊传》所发明者为多，何休的《公羊解诂》对于此点尤为注意，清代的公羊家更加以发挥，于是宗古文经者遂目之为“非常可怪之论”。例如“绌周王鲁，受命改制”之说，《公羊传》中本无明文，而何氏于《解诂》中始张其说。本章上文所云“据鲁、亲周、故殷”，以《春秋》当新王等，就是酌采公羊家言的。其尤著名的，便是所谓“三世’之说。《公羊传》隐公元年有云“所见异辞，所闻异辞，所传闻异辞”，何氏《解诂》曰：“所见者，谓昭、定、哀，已与父时事也；所闻者，谓文、襄、成、宣，王父时事也；所传闻者，谓隐、桓、庄、闵、僖，高祖、曾祖时事也。”按《公羊传》此三语，系释《春秋》经“冬十二月”之后书“公子益师卒”一条，曰：“何以不日？远也。所见异辞，所闻异辞，所传闻异辞。”这明明在说，何以《春秋》不书公子益师卒的日期？因为相隔太远，隐公时已是“所传闻世”了。那么，所谓“三世”是“所见世”、“所闻世”、“所传闻世”，以年代近远分别，原是无关宏旨的。但何氏又曰：“于所传闻之世，见起治于衰乱之中；说所闻之世，见治升平；至所见之世，著治太平。”这段话就有些儿可怪。按之事实，春秋时代决不能划为三期，由第一期到第三期，从起治衰乱而升平、而太平的，这大概是孔子的理想吧！但与隐元年那一条《春秋》经又有什么关系？而清代宗公羊家言者即由此而大张其“三世”之说，以为三世即“据乱世”（亦作“拨乱世”）、“升平世”、“太平世”，由拨乱至升平为“小康”之治，由升平至太平则为“大同”之治，为孔子政治进化的理论。而且每世之中又有三世，递分下去，则三世可成九世、二十七世、八十一世，即《礼记·中庸》所谓“王天下有三重”（平声），此为孔子世运进化之说，而“天下为公”之大同则为进化之极则。这在清末专制时代视之，自然觉得它非常可怪了！

《公羊传》又有所谓“非世卿”之说。隐公三年，经书“尹氏卒”，《公羊传》曰：“尹氏者何？天子之大夫也。其称尹氏何？贬。曷为贬？讥世卿。世卿，非礼也。”此实为昭公二十三年尹氏立王子朝张本。朝，周襄王之弟。尹氏以世卿专政，至尹辛、尹圉，乃逐襄王而立王子朝。那时，各国都有专权的世卿，如齐之田氏、晋之六卿、鲁之三家，孔子对于这种世卿的制度素抱反对态度，《论语》中也有此类言论，在鲁任大司寇为期甚短促，却亟亟要隳三家之都（见《史记·孔子世家》）。现代非难孔子而又读书不多的人，反有诬孔子拥护贵族政体者，真可谓为盲目之论了！

公羊家言，谓《公羊传》有“三科九旨”，而说法亦有不同。何休《文谥例》曰：“三科九旨者，新周、故宋、以《春秋》当新王，一科三旨也；所见异辞、所闻异辞、所传闻异辞，二科六旨也；内其国而外诸夏、内诸夏而外夷狄，是三科九旨也。”这是说《春秋》书法有九种意旨而分为三科。又一说则以“张三世”、“存三统”、“异外内”为三科，“时”、“月”、“日”、“王”、“天王”、“天子”、“讥”、“贬”、“绝”为九旨。“三世”即“所见世”、“所闻世”、“所传闻世”，则“张三世”者，就是何说第二科的三旨。“三统”本指三代之正朔，夏正建寅，为人统；商正建丑，为地统；周正建子，为天统。不过孔子以《春秋》当新王，以与殷、周二代为三统而已（上黜杞，故不及夏），则“存三统”者，就是何氏第一科的三旨了。所谓“异外内’者，谓据乱世则内其国而外诸夏，升平世则内诸夏而外夷狄，至太平世则中国一人、天下一家，达到消灭国界的“大同”之治了，这不是何氏第三科的三旨吗？二者之异，在何说九旨即在三科之内，后说则于三科以外复立九旨，为时、月、日、王、天王、天子，讥、贬、绝。说公羊者大抵宗何说。如更追溯上去，则董仲舒《春秋繁露》的《楚庄王》、《三代改制质文》等篇已有三科之义，为何休所本。

《公羊传》、《谷梁传》、《左传》为“《春秋》三传”。西汉武宣以前公羊之学最盛，谷梁则至西汉末始盛，故有疑谷梁非今文者（见近人崔适《春秋复始》）。然自王莽时古文经大盛之后，则又《左传》盛行。东汉时，何休主今文，长于公羊，作《公羊墨守》、《左氏膏肓》、《谷梁废疾》三书，则谷梁亦在所排斥。郑玄主混合今古，乃针对何氏作《箴膏肓》、《起废疾》、《发墨守》以难之，休见而叹曰：“康成入吾室、操吾矛以伐我乎？”其后《左传》大盛，乃取公羊而代之。故《谷梁传》似不足与《公羊传》、《左传》鼎足并峙。至于《汉志》所录之《春秋》传，尚有邹氏、夹氏二家，但“邹氏无师，夹氏未有书”（见《汉志》），所以都早亡失了。

第十章
《春秋》(二)——《左传》

第十章
《春秋》（二）——《左传》

《汉书·艺文志》春秋类有“《春秋》古经十二篇，《左氏传》三十卷”，班固自注云：“左丘明，鲁太史。”其序录云：

古之王者，世有史官，君举必书，所以慎言行、昭法式也。左史记言，右史记事；事为《春秋》，言为《尚书》，帝王靡不同之。周室既微，载籍残缺，仲尼思存前圣之业，乃称曰：“夏礼吾能言之，杞不足征也；殷礼吾能言之，宋不足征也。文献不足故也，足则吾能征之矣。”以鲁，周公之国，礼文备物，史官有法，故与左丘明观其史记，据行事（往事也），仍人道，因兴以立功，就败以成罚，假日月以定历数，藉朝聘以正礼乐。有所褒讳贬损，不可书见，口授弟子，弟子退而异言。丘明恐弟子各安其意以失其真，故论本事而作传，明夫子不以空言说经也。《春秋》所贬损大人当世君臣，有威权势力，其事实皆形于传，是以隐其书而不宣，所以免时难也。及末世口说流行，故有公羊、谷梁、邹、夹之传。四家之中，公羊、谷梁立于学官，邹氏无师，夹氏未有书。

《汉志》序《春秋》，特详于《左传》，盖采刘歆《七略》。(《汉志》总序云："歆于是总群书而奏其《七略》，有《辑略》、有《六艺略》、有《诸子略》、有《诗赋略》、有《兵书略》、有《数术略》、有《方技略》。今删其要，以备篇籍。")据《汉志》，则左丘明为与孔子同时之鲁太史，《左传》与《春秋》同时先后成书，其释经以论本事为主。

西汉经师所传习者皆今文经，古文经之兴，盖自西汉末刘歆始。《左传》是古文，所以也与刘歆有关。我们试检《汉书·楚元王传》中记刘歆的传文，关于《左传》的有下列的话：

> 歆校秘书，见古文《春秋左氏传》，大好之，从尹咸及丞相翟方进质问大义。初，《左氏传》多古字古言，学者传训诂而已。及歆治左氏，引传文以解经，转相发明，由是章句、义理备焉。歆以为左丘明好恶与圣人同，亲见夫子，而公羊、谷梁在七十子后，传闻之与亲见之其详略不同。向好谷梁《春秋》，歆以是质之，向不能非。及歆为侍中，得亲近，欲建立左氏《春秋》、《毛诗》、逸《礼》及古文《尚书》皆列于学官。哀帝令歆与五经博士讲论其义，诸博士或不肯置对，歆因移书太常博士责让之。

《汉书》全载此书，可以参阅，现在节录一段于左：

……及鲁恭王坏孔子宅，欲以为宫，而得古文于坏壁之中，逸《礼》有三十九篇、《书》十六篇。天汉之后，孔安国献之，遭巫蛊仓卒之难，未及施行。及《春秋左氏》丘明所修，皆古文旧书，多者二十余通，藏于秘府，伏而未发。孝成皇帝闵学残文缺，稍离其真，乃陈发秘藏，校理旧文，得此三事以考学官所传，经或脱简，传或间编。传问民间，则有鲁国桓公、赵国贯公、胶东庸生之遗学与此同，抑而未施。此乃有识者之所惜闵，士君子之所嗟痛也。往者缀学之士，不思废绝之阙。……信口说而背传记，是末师而非往古。……犹欲保残守缺，挟恐见破之私意，而无从善服义之公心，或怀嫉妒，不考情实，雷同相从，随声是非，抑此三学，以《尚书》为不备，谓左氏为不传《春秋》，岂不哀哉？

本传下文，谓“其言甚切，诸儒皆怨恨。是时名儒光禄大夫龚胜以歆移书，上疏深自罪责，愿乞骸骨罢；儒者师丹为大司空，亦大怒，奏歆改乱旧章，非毁先帝所立。歆惧，乃求出为河内太守”云云。

据上所引《汉志》及《楚元王传》，有二事可以引起我们的注意：

（一）左丘明为何如人？据班、刘之说，则左丘明为鲁太史，曾与孔子观鲁史记，且谓好恶同于圣人，当即是《论语·公冶长》之左丘明。《论语》记孔子之言曰："巧言、令色、足恭，左丘明耻之，丘亦耻之；匿怨而友其人，左丘明耻之，丘亦耻之。"照孔子的语气看来，似乎左丘明是孔子的前辈，至少是同辈的人。而《左传》末了记鲁悼公四年的事，按《史记·鲁世家》，悼公在位三十七年，其卒当在哀公十六年孔子卒后十八年；赵襄子卒更在其后，上距孔子卒已五十六年了。今《左传》并称其谥，则左丘明当卒于鲁悼公及赵襄子之后。孔子卒时年七十三，即令左丘明少孔子二十岁，则其年也已过百岁了。而且如《汉志》所说，丘明恐弟子失其真，"故论本事而作传，明夫子不以空言说经"，则又似左丘明为孔子后辈，甚且为孔子弟子。那么，《史记·仲尼弟子传》中，何以把这样重要的一位高足漏列？《论语》里除上引一条外，也不见他的姓名呢？《史记·太史公自序》及《报任安书》里曾有两句同样的话"左丘失明，厥有《国语》"，《报任安书》下文又云"乃如左丘明无目"。照司马迁这几句话看，似乎"左丘"二字相连，是双姓了。可是《左传》又并不称"左丘传"呀！按《元和姓纂》有"左丘氏"，且云："齐国临淄县有左丘。"《通志·氏族略》亦云："《论语》之左丘明，居于左丘，以地为氏。"但所谓"左丘氏"，除左丘明一人之外，又何以并无他人？所以，左丘明毕竟是左氏名丘明呢，还是左丘氏名明呢？至今还无从悬断。

（二）《左传》和《春秋》经的关系如何？据《楚元王传》所记，则《左传》一书藏于秘府，刘歆校书时始得见之，刘歆以前的学者因为无从检阅秘书，当然难得见到。此其一。即使有得读《左传》者，亦因它多古字古言，只能传习其训诂，而它的章句、义理则都是由刘歆发明的，而且歆治左氏始引传文以解经，则“引传解经”亦为歆以前所未有。此其二。当时学者皆“信口说而背传记，是末师而非往古”、“谓左氏为不传《春秋》”，所谓“口说”，所谓“末师”，即指《公羊》、《谷梁》二传系由师生父子口耳相传，到汉初方著于竹帛。“谓左氏为不传《春秋》”者，就是说左氏并没有为《春秋》作传，说《左传》和《春秋》经本是没有关系的。此其三。有此三点，所以刘歆虽位侍中，得亲幸，并且有领校秘书的绝优越的地位，出全力以争立此书于学官，终至激动公愤，不安于位而求外放了。

我们再就《春秋》古经和《左传》来检讨一番吧！本书上文已一再提到过，《公羊》、《谷梁》二传的《春秋》经各十一卷，《左传》的《春秋》古经则为十二卷。因为闵公在今文附于庄公，合为一卷，所以少了一卷。虽然公羊、谷梁二家以“三年无改于文”为解，我终认为是因闵公年促事少，故附于庄公之末。或合或分原是无关宏旨的，可怪的是孔子作《春秋》因获麟而绝笔，为大家公认的事实，所以《春秋》经到哀公十四年春西狩获麟为止。《公羊传》不仅解释这一条经，而且加了许多总论全书的话：

何以书？记异也。何异尔？非中国之兽也。然则孰狩之？薪采者也。薪采者则微者也，曷为以狩言之？大之也。曷为大之？为获麟大之也。曷为为获麟大之？麟者，仁兽也，有王者则前，无王者则不至。有以告者曰："有麇而角者。"孔子曰："孰为来哉？孰为来哉？"反袂拭面，涕沾袍。颜渊死，子曰："天丧予！"子路死，子曰："天祝予！"西狩获麟，孔子曰："吾道穷矣！"《春秋》何以始乎隐？祖之所逮闻也。所见异辞，所闻异辞，所传闻异辞。何以终乎哀十四年？曰备矣。君子曷为为《春秋》？拨乱世反诸正，莫近于《春秋》，则未知其为是与，其诸君子乐道尧、舜之道与？末不亦乐乎尧、舜之知君子也？制《春秋》之义以俟后圣，以君子之为，亦有乐乎此也。

这确是写在全书末了的文章。但《春秋》古经则不但十四年于获麟之后还有十四条，十五年也还有八条，十六年也还有三条，最后的一条是"夏四月己丑，孔子卒"。似乎孔子作《春秋》，并没有因获麟而绝笔，一直做到死为止。我们试设身处地想一想，最后的一条真是孔子记的么？孔子能预知自己一定死在这一天吗？否则，孔子死了，还能再执笔记这条吗？这真是一个大笑话啊！

至于《左传》本书，则哀公十六年夏孔子卒后仍没有完，十七年、十八年……一直下去，到哀公二十七年，末了一章直记到悼公四年，而且竟记及赵襄子与韩、魏丧知伯。按知伯之灭在周贞定王十六年，上距孔子卒已二十六年，距获麟绝笔之年已二十八年了。如《左传》确为《春秋》经而作，则此二十余年的传是为什么做的呢？即此一端，已可证明《左传》本与孔子的《春秋》经没甚关系了。又如桓公二年，《春秋》经中并没有记晋国的事，而《左传》有“初，晋穆侯之夫人姜氏以条之役生太子……启曲沃伐翼”一篇，长三百光景字的文章。按《春秋》始于鲁隐公元年，为周平王四十九年，而晋穆侯在位还当周宣王时，相去约六十年，经文与此事并无关系，而解经之传却上溯及此，不知是为了什么？作传本以释经，而上溯五六十年，下延五六十年，且都是些与经无关的事，真是难以索解的了！

《春秋》经所不书之事，而传释其所以不书之义者，本往往有之。例如隐公元年不书即位，《左传》释之曰：“不书即位，摄也。”《公羊传》、《谷梁传》所释较《左传》更为详尽。因为《春秋》依鲁君编年，即位之初不书即位，是一个比较重大的问题，所以必须加以解释。至于不关重要的事，则《春秋》经略而不书的正多，不能亦不必一一释之。可是《左传》隐公元年便有一条“无经之传”云：“夏四月，费伯帅师城郎。不书，非公命也。”城郎并非大事，何必释其所以不书之故？这类小事，不书于《春秋》者一定很多，能一一加以说明吗？尤其令人不懂的，如《春秋》经隐公三年有“夏四月辛丑，尹氏卒”一条，公羊、谷梁二家的经相同，《左传》所据的古文经独作“君氏卒”。“尹”、“君”二字形极相似，传写错误亦意中事，但《左传》释之云：“夏，君氏卒，声子也。不赴于诸侯，不反哭于寝，不祔于姑，故不曰‘薨’。不称夫人，故不言葬。不书姓，为公，故曰‘君氏’。”即使公、谷口耳相传，难免错误，但总不会差得这般远吧，——把鲁君的老太太拉扯到周天子的大夫身上去！据《公羊传》说，孔子书“尹氏卒”是“讥世卿”（见前章），《左传》却改“尹”字为“君”字，且勉强解释道“不书姓，为公，故曰‘君氏’”，又不明言其所以然之故，而“君氏”一名亦并未再见于他种经传。所以梁启超直斥之曰：“凡以避世卿之讥，袒庇王氏而已！”（见《要籍解题·〈左传〉〈国语〉释题》）

《左传》的作者似乎是一个预言家。庄公二十二年，陈公子完（敬仲）奔齐，齐懿氏卜妻之，其卜辞有云：“有妫之后，将育于姜。五世其昌，并于正卿。八世之后，莫之与京。”又记陈厉公生敬仲，少时有以《周易》筮之者，也有“此其代陈有国乎？不在此，其在异国；非此其身，在其子孙”的话，而且说“若在异国，必姜姓也”，后来陈氏子孙果然篡了姜家的齐国。又，襄公二十九年记吴季札观乐事，“为之歌《郑》，曰：‘美哉！其细已甚，民弗堪也，郑其先亡乎？’”又记季札适晋，说赵文子、韩宣子、魏献子曰：“晋国其萃于三族乎？”后来郑国果然先亡了，晋国果然被赵、韩、魏三家瓜分了。当陈敬仲亡命来齐时，便断定其八世之后必可篡齐；当他少时，便预言他必可代陈有国，而且必在异国，必在姓姜的异国；当郑国七卿和睦，同心执政之时，而断言郑必先亡；当晋国范氏、中行氏全盛时，而断言晋国必归赵、韩、魏三家，预言灵验如此，我们可决其必无此理！大概左丘明并非是孔子同时的人，作书时已在战国初期，田氏（即陈氏，古舌上音皆读舌头音，故“陈”字同田音）篡齐、郑为韩灭、三家分晋以后吧！又《左传》僖公五年记晋假道于虞以伐虢，宫之奇谏虞公不听，以其族行，曰:“虞不腊矣！”“腊”为秦节，始于惠文王十二年（见《史记·秦本纪》）。秦孝公时，商鞅所设武功爵有庶长，而此名亦见于《左传》。则左丘明作书，当更在秦孝公设庶长、惠文王始腊之后了。惠文王十二年，上距孔子之卒凡五十二年，与上文所推测的年代正合。故《汉书》所谓左丘明曾亲见孔子，曾与孔子同观鲁史的话，怕也未必可靠。

但《史记·十二诸侯年表》亦曰：“鲁君子左丘明惧弟子人人异端，各安其意，失其真，故因孔子史记具论其语，成《左氏春秋》。”与《汉志》所言正相合。陆淳《春秋集传纂例》谓：“《左传》其义最高，能令百代之下颇见本末，因以求意，经文可知。”刘知几《史通》有《申左》篇，也说：孔子修《春秋》时年已老矣，故“付之丘明，用使善恶毕彰，真伪尽露。……传之与经其犹一体，废一不可，相须而成。”陈澧《东塾读书记》亦云："左氏作《国语》，自周穆王以后分国而述其事，其作此书（指《左传》）则依《春秋》编年，以鲁为主，以隐公为始，明是《春秋》之传。"此皆认左氏确为传《春秋》者。而言之最详、尊之最甚的，莫如杜预。他的《春秋经传集解自序》略谓："孔子因鲁史策成文，从而修之，遵周公之遗制，因史书之旧章，成一经之体，明将来之法。左丘明受经于孔子，为之作传，或先经以始事，或后经以终义，或依经以辨理，或错经以合异；身为国史，躬览载籍，故能广记备言，文缓旨远。"其推崇可谓备至。后又述《左传》解经之体例，言"发传之体有三，而为例之情有五"，颇为详明，兹撮要条举如下：

甲、传体有三：

（一）"发凡正例"，杜氏谓《左传》中发凡以言例者，皆经国之常制、周公之旧法，孔子修之以成一经之体者。例如，《春秋》宣公四年云"郑公子归生弑其君夷"，《左传》云："凡弑君称君，君无道也；称臣，臣之罪也。"

（二）"起新变例"，杜氏谓《左传》中但云"不书"、"先书"、"故曰"、"不言"等而不曰"凡"者，盖以起《春秋》之新意者，谓之"变例"。例如，隐公元年传："不书即位，摄也。"桓公二年经"宋督弑其君与夷及其大夫孔父"，传曰："君子以督为有无君之心而后动于恶，故先书弑其君。"（因为事实上是华督先杀孔父，夺其妻；殇公怒，遂弑公。）隐公元年经"郑伯克段于鄢"，传曰："段不弟，故不言弟；如二君，故曰克。"

（三）“归趣非例”，杜氏谓：“经无义例，因行事而言，则传直言其归趣而已，非例也。”此指传中所记普通之事而言。

乙、为例有五：

（一）“微而显”，谓“文见于此，而起义在彼”者。例如僖公十九年《春秋》书“梁亡”，传曰：“不书其主，自取之也。”“其主”，谓灭梁之秦。

（二）“志而晦”，谓“约言示制，推以知例”者。例如宣公七年传曰：“夏，公会齐侯伐莱，不与谋也。凡师出，与谋曰‘及’，不与谋曰‘会’。”

（三）“婉而成章”，谓“曲从义训，以示大顺”者。例如桓公元年传曰：“郑伯以璧假许田，为周公祊故也。”盖许田为周公朝宿之邑，近于郑；祊田为郑武公在泰山的汤沐之邑，在鲁，皆天子所封，本不应擅易。今郑以祊田加璧易许田，《春秋》讳之，故仅曰“以璧假许田”。

（四）“尽而不污”，谓“直书其事，具文见意”者。例如桓十五年《春秋》“天王使家父来求车”，《左传》曰：“非礼也。诸侯不贡车服，天子不私求财。”

（五）“惩善劝恶”，谓“求名而亡，欲盖弥章”者。例如昭公二十年《春秋》：“盗杀卫侯之兄絷。”按齐豹忿卫侯之兄，杀之，欲求不畏强御之名，而《春秋》径称之曰“盗”。

照杜预所说看来，《左传》又确是《春秋》经的传，发凡起例，其释经何等详密？但《左传》所设之凡例，有未能自圆其说者。例如庄公十一年《左传》曰:“凡师,敌未阵曰‘败某师’,皆陈曰‘战’。”而令狐之役,晋人潜师夜袭秦师,经仍书曰“战”,将何以解之?有因《左传》未能自圆其说,而杜预不恤曲解经文,伤教害义者。例如文公七年《春秋》“宋杀其大夫”,《左传》曰:“不称名,非其罪也。”而宣公九年经书“陈杀其大夫泄冶”,泄冶以直谏获罪而经称其名,传亦不能自圆其说了,而杜预注云:“泄冶直谏于淫乱之朝以取死,故不为《春秋》所贵而书名。”果如杜氏所言,则比干谏而死,孔子何以称其仁?所谓“凡”者,必能通一经而解之。发凡起例而不能圆其说,则所设之“凡”便不能成立了。故孔颖达以为后儒有所加插(例如文公十三年传“其处者为刘氏”句,《正义》以为汉初左氏不显于世,先儒无以自申,故插注此辞以取媚于当世),陆淳、陈澧亦谓后儒有所附益(陆说见《春秋集传纂例》,陈说见《东塾读书记》),则虽崇信《左传》的学者也不能无所疑了。

东汉范升谓“左氏不祖孔子”(见《后汉书》本传);李育颇涉猎古学,尝读《左氏传》,虽乐其文采,然谓不得圣人深意(见《后汉书·儒林传》)。晋王接亦言“左氏自是一家书,不主为经发”(见《晋书》本传)。清刘逢禄亦谓《左氏春秋》犹《晏子春秋》、《吕氏春秋》,冒曰《春秋左氏传》则为东汉以后之以讹传讹。《朱子语类》引林黄中谓《左传》“君子曰……”是刘歆之辞,朱子亦谓《左传》“君子曰……”最无意思，且举“芟夷蕴崇……”一段，云是关上文甚事（朱子所举见隐公六年《左传》）。则谓《左传》并不是为《春秋》经作传者，先儒已多此种主张了。

康有为、梁启超则直截痛快地说，左丘明所作者为《国语》，虽所记多春秋时事，但与《春秋》经无关。从《国语》中抽取一部分事实配合《春秋》者，是刘歆；加入许多释经的“君子曰……”造成许多解经的凡例的，也是刘歆；在《史记·十二诸侯年表》中窜入和《汉志》相合的关于《左传》的话的，也是刘歆。《汉书》谓《左传》为张苍所传，河间献王好之，为置博士，但《史记》的张苍传、河间献王传中并无此二事；《史记·儒林列传》记《春秋》传授，亦仅公羊、谷梁二家而无《左传》。司马迁一再云“左丘失明，厥有《国语》”，并没有说到《左传》。康、梁之说，不能不使我们有几分相信。

《汉志》春秋类中有“《国语》二十一篇”，自注云：“左丘明著。”又有“《新国语》五十四篇”，自注云：“刘向分《国语》。”前者就是现存的《国语》，后者则古今著录从未提及。今本《国语》篇幅并不繁多，何以刘向竟分为一倍以上的篇数？刘向所编著的书都传于汉后，何以此《新国语》即东汉人也没有谈起它的？所以康氏认为，五十四篇的为《国语》原本，刘歆把《春秋》时代的一部分事实抽出，改编为《左传》以附于《春秋》经，所以只剩了一小半了。而此残留之一小半，我们苟细加检阅，便可发现其种种破绽，如《鲁语》大半为敬姜一妇人的话，可异者一；《齐语》几全取《管子·小匡》篇，可异者二；《周语》、《鲁语》、《郑语》多春秋以前事，至春秋时代则反略，可异者三。观此三点，便可推知其中春秋时代（从鲁隐公到哀公）的记事已经被抽取了，所以把左丘明这部伟大的著作捋扯割裂，分成二部，不但牵引以解《春秋》经的《左传》不合解经之传的体例，就是剩下的那部《国语》也变成畸形的、不完全的史书了。如果把《左传》仍合入《国语》中，使复五十四篇之旧，则当不愧为那时代的一部良好的记事的史书，而且有它特具的文艺价值。所以《左传》与《春秋》经，可以说是“离之则两美”；《左传》与《国语》，可以说是“离之则两伤”！

第十一章
《论语》

第十一章
《论语》

孔子传《易》、纂《书》、定礼，正乐以正《诗》，据鲁史以作《春秋》，其后学又为《春秋》作传，并各记所闻，各抒所见，纂辑而成《礼记》。故上述十三经之九，惟《周礼》一书与孔子无甚关系，其余八种直接、间接都是和他有关系的。这样伟大的一位学者，他平生的言行，当然值得我们注意。我们要知道孔子的言行便不得不一读《论语》。《汉书·艺文志》说：

> 《论语》者，孔子应答弟子时人及弟子相与言而接闻于夫子之语也。当时弟子各有所记，夫子既卒，门人相与辑而论纂，故谓之“论语”。

《经典释文叙录》所记略同。何异孙《十一经问对》则谓《论语》有弟子记夫子之言者，有夫子答弟子问者，有弟子自相答者，又有时人相言者，有臣对君问者，有师弟子对大夫之问者，皆所以讨论文义，故谓之“论语”。案如《汉志》所说，则因夫子、弟子之语，门人论纂之，故名曰《论语》；如何异孙说，则是夫子与弟子时人各有讨论之语，故名曰《论语》。此二解虽略有出入，尚不甚相远。至以“伦”训“论”，谓《论语》所记皆伦理之言，又有“经纶今古”、“轮转无穷”诸义，则为后儒尊重此书者的话，不是当时命名的本意了。

编纂《论语》的人，郑玄说是仲弓、子夏（《经典释文叙录》引）。柳宗元《论语辩》言之较详：

> 或问曰：“儒者称《论语》孔子弟子所记，信乎？”曰：“未然也。孔子弟子，曾参最少，少孔子四十六岁。曾子老而死。是书记曾子之死，则去孔子也远矣。曾子之死，孔子弟子略无存者矣。吾意曾子弟子之为之也。何哉？且是书载弟子必以字，独曾子、有子不然。由是言之，弟子之号之也。”“然则有子何以称子？”曰：“孔子之殁也，诸弟子以有子为似夫子，立而师之，其后不能对诸子之问，乃叱避而退，则固尝有师之号矣。今所记独曾子最后死，余是以知之。盖乐正子春、子思之徒与为之尔。”或曰：“孔子弟子尝杂记其言，然而卒成其书者，曾氏之徒也。”

按曾子少孔子四十六岁，见《史记·仲尼弟子列传》。《论语》记曾子将死的事有二章，均见《泰伯》篇，今录如下：

> 曾子有疾，召门弟子曰：“启予足，启予手。《诗》云：

‘战战兢兢，如临深渊，如履薄冰。’而今而后，吾知免夫，小子！”

曾子有疾，孟敬子问之。曾子言曰：“鸟之将死，其鸣也哀；人之将死，其言也善。君子所贵乎道者三，动容貌，斯远暴慢矣；正颜色，斯近信矣；出辞气，斯远鄙倍矣。笾豆之事，则有司存。”

孔子殁后，弟子曾以有若为师，后复叱避，《史记·仲尼弟子列传》曾详记其事：

孔子既没，弟子思慕，有若状似孔子，弟子相与共立为师，师之如夫子时也。他日，弟子进问曰：“昔夫子当行，使弟子持雨具，已而果雨。弟子问曰：‘夫子何以知之？’夫子曰：‘《诗》不云乎？“月离于毕，俾滂沱矣。”昨暮，月不宿毕乎？’他日月宿毕，竟不雨。商瞿年长无子，其母为取室。孔子使之齐，瞿母请之，孔子曰：‘无忧，瞿年四十后当有五丈夫子。’已而果然。敢问夫子何以知此？”有若默然无以应。弟子起曰：“有子避之，此非子之座也！”

立以为师，又叱其避席，未免太儿戏了。孟子也曾提起过这件事，说：孔子殁后，“子夏、子张、子游以有若似圣人，欲以所事孔子事之，强曾子，曾子不可。”（见《滕文公上》有为神农之言章）我尝推想，大概弟子们虽曾有此提议，终以曾子反对而罢。《史记》所录，想是因此而推演的一种传说。弟子所以有此提议者，必因有若平时言行为同学所钦佩的缘故。按《论语》不但记孔子弟子中年岁最幼的曾子之死，而且于当时国君、大夫如鲁哀公、季康子、子服景伯诸人皆举其谥，故其成书之年必在孔子卒后数十年。且全书第一章记孔子语，第二章即记有子语；第三章记孔子语，第四章即记曾子语，则纂辑者当为有子、曾子的门人，其所记孔子言行，或即有子、曾子所笔录或口述的亦未可知。

《论语》的本子也有今文、古文之别。今文本又有二种，一为鲁《论》，鲁人所传，共二十篇；一为齐《论》，齐人所传，共二十二篇。古文本则称古《论》，据说也是鲁恭王得之孔宅壁中，共二十一篇。齐《论》所多二篇，曰《问王》、曰《知道》（见《汉志》自注，《经典释文叙录》同），今俱亡失，内容如何已不可知。或谓《说文解字》玉部多引孔子语，“问王”恐系“问玉”之误，但也无从考究了。古《论》怎么也多一篇呢？《汉志》自注但云“两《子张》”，注引如淳曰：“分《尧曰》篇后‘子张问何如可以从政’以下为篇，名曰《从政》。”按古《论》所多一篇今已亡失，但今本《尧曰》篇本仅三章，若再分后二章为另一篇，恐无此理。且《汉志》明说“有两《子张》”，则篇名非题“从政”可知。如淳之说，想系臆度之辞。据《经典释文叙录》，则齐《论》除多二篇外，其余二十篇章句亦颇多于鲁《论》；又谓古《论》篇次不与齐、鲁《论》同，且引《新论》云“文异者四百余字”，则此三种本子不同之点很多，不仅篇数多少而已。西汉末，张禹本受鲁《论》，兼讲齐《论》，善者从之，号曰“张侯《论》”，为世所贵（见何晏《论语集解序》)。《隋书·经籍志》也说：“张氏晚讲齐《论》，后遂合而考之，删其烦惑，除去《问王》、《知道》二篇，从鲁《论》二十篇为定。”那么，今本二十篇《论语》，就是这种张侯《论》了。

古以竹简代纸，传写、收藏皆不易，故篇末空白处往往利用之以记其他见闻所及。此在附记者，原为简事备忘起见，并非有意作伪；到后来辗转传抄，以之误入正文，则成为伪书了。先秦古籍中此类很多，《论语》也有其例，如《雍也》篇末有一章云：

> 子见南子，子路不悦，夫子矢之曰：“予所否者，天厌之！天厌之！”

南子是卫灵公的夫人，是一个淫乱的妇人，宋人当时有“既定尔娄猪，盍归吾艾豭”的话，就是讥嘲南子和她的外遇宋朝的。孔子去见她，还可说是出于不得已，子路是个心直性急的人，也难怪他不悦。但孔子何以不向他仔细解释，却急得发誓呢？所以崔适《洙泗考信录》认此章为不可信。《史记·孔子世家》却把这件事演述得煞有介事道：

> 灵公夫人有南子者，使人谓孔子曰："四方之君子不辱，欲与寡君为兄弟者，必见寡小君。寡小君愿见！"孔子辞谢，不得已而见之。夫人在絺帷中。孔子入门，北向稽首。夫人自帷中再拜，环佩玉声璆然。孔子曰："吾乡为弗见，见之，礼答焉。"子路不说，孔于矢之曰："予所否者，天厌之！天厌之！"

《乡党》篇末也有一章，注者多不得其解，或亦疑是后人附入的：

> 色斯举矣，翔而后集。子曰："山梁雌雉，时哉时哉！"子路共之，三嗅而作。

这短短的一章书，便有三种解说：(一)"共"同"拱"，"拱之"是对雉行敬礼。"嗅"为"雊"之借字，是雉叫。子路听到孔子说雉的识时，便向它致敬，那只雌雉叫了三声，便飞去了。子路似乎不至于迂到如此。(二)"共"同"供"，"嗅"即"齅"。子路不达孔子"时哉"之谓，以为他叹雌雉是时月之味，故驰逐驱拍，遂得雌雉，煮熟而进，以供养孔子。孔子嗅了三嗅，便站起来不吃了（何晏《集解》、皇侃《义疏》即如此解）。

这便是“烧烤雉鸡”的本事。子路又何至这般傻？（三）“拱”，搷也，执也。雉正倦飞，子路搷而执之，旋又释之，故三嗅而作。“嗅”，《五经文字》作“狊”。此字从目、从犬，张两翅也。“鸟曰狊”，见《尔雅·释兽》，为飞动之称。《吕氏春秋·审己》篇已有“子路搷雉而后释之”的话了。孔子、子路散步山野间，见雌雉集于山梁，孔子叹道：“色斯举矣，翔而后集。山梁雌雉，时哉时哉！”孔子此叹，颇有“可以人而不知鸟乎”之意，寄慨遥深。子路之加搷执，原属随意游戏，又闻孔子之言，因复释之。这一解比上二说近情理多了。此外，还有不伦不类的几章，如《季氏》篇末章云：

邦君之妻，君称之曰夫人，夫人自称曰小童；邦人称之曰君夫人，称诸异邦曰寡小君；异邦人称之亦曰君夫人。

《微子》篇末则有两章：

周公谓鲁公曰：“君子不施其亲，不使大臣怨乎不以，故旧无大故则不弃也，无求备于一人。”

周有八士，伯达、伯适、仲突、仲忽、叔夜、叔夏、季随、季騧。

这三章和孔子是绝无关系的，和《论语》所记的性质是完全不合的，无疑地是后来附记的了。

《论语》不可信的记录，不仅此类，例如《阳货》篇中便有两章：

> 公山弗扰以费畔。召，子欲往。子路不说，曰："末之也已，何必公山氏之之也？"子曰："夫召我者而岂徒哉？如有用我者，吾其为东周乎？"
>
> 佛肸召，子欲往。子路曰："昔者由也闻诸夫子曰：'亲于其身为不善者，君子不入也。'佛肸以中牟叛，子之往也，如之何？"子曰："然，有是言也。不曰'坚乎磨而不磷'，不曰'白乎涅而不缁'。吾岂匏瓜也哉，焉能系而不食？"

人非匏瓜，不能挂起来不吃饭，诚然是事实。可是为了吃饭问题而不恤降志辱身，去入叛逆的伙，怕不是作《春秋》以笔诛乱臣贼子的孔子所应出此！按费，季氏之都。公山弗扰（《左传》作"不狃"）据费以叛，见《左传》定公十二年。此时孔子正为鲁的大司寇，公山氏之叛，正因反对孔子堕三家之都的主张，所以于叔孙氏堕其都郈之后，即帅费人以袭鲁。定公与三子入于季氏之宫，登武子之台，费人攻之弗克，矢（本作"人"，误）及公侧。孔子命申句须、乐颀下伐之，费人北，国人追之，败诸姑蔑，公山氏遂奔齐。我们试想，一个反抗政府命令的县长，竟敢去召正在主张并执行这命令的政府要人；下令讨伐这叛变县长的要人，竟愿应召前往而且想奉这叛变县长“为东周”，按之事实、度之情理，是决不可信的！即依《史记·孔子世家》，把此事列于定公九年，但孔子为司寇，相定公于夹谷之会，即在定公十年之夏，则此时孔子仕鲁必已渐渐得志了，何至于穷无所归，竟想去投奔叛逆呢？至于佛肸以中牟叛赵，据《韩诗外传》在赵襄子时。孔子卒后五年赵襄子方嗣立，怎么还会有佛肸召孔子，孔子欲往之事？这两件事，梁玉绳的《史记志疑》、崔述的《洙泗考信录》辨之均极详确。《论语》中羼入了这两章，司马迁又采入《史记·孔子世家》中，于是后世一般附膻逐臭之人，或藉口于吃饭问题，或竟相命为磨而不磷之坚、涅而不缁之白，甚且自诩“吾其为东周”。则此二章《论语》不仅诬蔑孔子，并且贻害无穷了！

《论语》通例，称孔子皆曰“子”，记其与君大夫问答乃称“孔子”，而末五篇则屡称“孔子”、“仲尼”；《论语》通例，记门弟子与孔子对面问答亦皆呼之曰“子”，对面呼“夫子”是战国时有此习惯，而末五篇则屡称“夫子”；又如《季氏》篇记季氏将伐颛顼，冉有、季路见于孔子云云，冉有、季路也并无同时仕于季氏之事，所以崔述认为这五篇皆有可疑之点。我们读《论语》时，须先参阅《洙泗考信录》等书，把可疑的部分剔出，至少把它们划为外篇，然后去细读其他可信的部分。

《论语》二十篇的篇目是：

> 1.《学而》，2.《为政》，3.《八佾》，4.《里仁》，5.《公冶长》，6.《雍也》，7.《述而》，8.《泰伯》，9.《子罕》，10.《乡党》，11.《先进》，12.《颜渊》，13.《子路》，14.《宪问》，15.《卫灵公》，16.《季氏》，17.《阳货》，18.《微子》，19.《子张》，20.《尧曰》。

这二十篇的篇题都是无义的，各取本篇第一章首二句的二三字为题。如第一篇第一章开始是“子曰：学而时习之……”，故取“学而”二字名篇；第二篇第一章开始是“子曰：为政以德……”，故取“为政”二字名篇。编次体例既无规定，篇章次序也无甚意义。不过第一篇第一章，在本书、在孔子一生，确是很重要而有价值的一章：

> 子曰：“学而时习之，不亦说乎？有朋自远方来，不亦乐乎？人不知而不愠，不亦君子乎？”

“说”同“悦”，悦指内心的悦怿，“乐”则为现于外表的快乐。“学”即“知新”，“习”指“温故”。能“学而时习”，则一面知新，可以“日知其所亡”；一面温故，可以“月无忘其所能”，自然深造自得，左右逢源，内心悦怿了。这是“学不厌”的功效。师弟子有朋友之道焉（见《白虎通·辟雍》篇），

《史记·孔子世家》说孔子不仕，退而修《诗》、《书》、礼、乐，弟子弥众，至自远方，莫不受业。“有朋自远方来”，就是弟子至自远方。朋来之乐，也就是《孟子》所谓“得天下英才而教育之”之乐。“人不知而不愠”，朱子以为即是“遁世不见知而不悔”之义，虽当世君相不知我而不愠。我则以为如朱注所说，当曰“人不知我而不愠”，方才明白。“人不知”者，言人不知道，不是说人不知我。何晏《集解》曰：“愠，怒也。凡人有所不知，君子不怒。”皇侃《论语义疏》后一解亦云：“君子易事，无求备于一人。故为教诲之道，若人有钝根不能知解者，君子恕之而不愠怒之也。”焦循《论语补疏》亦谓：“人有所不知，是人自不知，非不知己也；我所知而人不知，因而愠之，矜也。”“人不知而不愠”，正是“教不倦”的精神。“学不厌，教不倦”，是孔子最伟大的教育精神，弟子们都受到这种伟大精神的感化，所以把它列为首章的。

孔子是我国最伟大的教育家，这是大家所公认的。孔子以前，学在王官，所以《尚书·周官》有“学古人官”的话，《礼记·曲礼》有“宦学事师”的话，《说文解字》也还有“仕，学也”的古训（《论语》子夏所云“仕而优则学，学而优则仕”，当为春秋末孔子以后的情形）。因为古代物质文明未发达，以竹简木牍、金版玉版代纸，以刀刻漆书代笔墨。简牍繁重，金玉珍贵，刀刻漆书繁难，所以成书难，得书难，藏书也不易。不但平民无从得书，即贵族也颇感困难。如韩宣子为晋卿，聘鲁，方得见《易》象与鲁《春秋》；季札是吴国贵公子，聘鲁，方得闻《诗》之风、雅、颂。得书既难，又没有私人讲学的学者，学术自然不能普及了。孔子的先世，在宋国固然是贵族，迁鲁以后则已为平民。所以他要博览群书，不得不借助于南宫敬叔，得鲁君的资遣，方能远适东周，向守藏室史老子设法。他是个反对贵族政治的人（《春秋》讥世卿，已见上章），又身受读书的困难，所以学成之后，便抱着“有教无类”（见《论语·卫灵公》）的宗旨，广收门弟子，开私人讲学之风。他的弟子，富如子贡，穷如颜渊、原宪，而且子路是卞之野人，子张是驵，颜涿聚是盗，所以东郭子惠有“夫子之门何其杂也”之叹。这样不拘资格地并蓄兼收，正可见他“有教无类”的精神。王官专守之学散于平民之间，私人讲学之风开于春秋之末，是我国教育史上划时代的大变化，而转折的枢纽全在孔子一人，其关系可谓重大极了！

这位大教育家的教育学说、教学方法、教学项目、教学精神，我们都可从《论语》这部书里去分类研究。例如他说：“学而不思则罔，思而不学则殆。”（见《论语·为政》）“吾尝终日不食、终夜不寝以思，无益，不知学也。”（见《论语·卫灵公》）可见他是主张学、思并重，又恐思而不学之流于空疏诞妄了。而且他所谓“学”，是兼重实践的，不仅指死读书本而言。故自“多学而识”的“下学”，进至“一以贯之”的“上达”，而所谓“一以贯之”者仍不外乎“忠恕”二字，这二字是包括“为学”与“做人”说的。(《论语·宪问》孔子自言：“下学而上达。”《卫灵公》孔子问子贡道：“女以予为多学而识之者与？”子贡不能决，孔子又道：“非也，予一以贯之。”而《里仁》记曾子释孔子“一以贯之”的话，又云：“夫子之道，忠恕而已矣。”)他的教育学说，即此已可见一斑了。至于教学方法，举其荦荦大者言之，一为注重启发，一为因材施教。《论语·述而》记他的话道：“不愤不启，不悱不发，举一隅不以三隅反则不复也。”这就是《学记》所谓“道而弗牵，强而弗抑，开而弗达，和易以思”的善喻之教，也和现代教育家所主张的自学辅导主义、启发式等主张，有不同而同之妙。至于因材施教，在《论语》中尤多实例，如问孝、问仁、问政、问君子……，所问虽同，但他的答话却因人而异。尤其显著的，《先进》篇里记有一章：

> 子路问：“闻斯行诸？”子曰：“有父兄在，如之何其闻斯行之？”冉有问：“闻斯行诸？”子曰：“闻斯行之。”公西华曰：“由也问闻斯行诸，子曰‘有父兄在’；求也问闻斯行诸，子曰‘闻斯行之’。赤也惑，敢问。”子曰：“求也退，故进之；由也兼人，故退之。”

这真是因材施教的实例啊！《述而》篇又说：“子以四教，文、行、忠、信。”“文”是书本的教育，“行”是行为的教育，“忠、信”则更进而训练他们的品性了。《先进》篇所说的“德行”、“言语”、“政事”、“文学”，虽不能说他已有分科之制，而弟子们受了他的熏陶，发展其个性，各有特长，和他的教育有这四种项目，则是可信的事实。最伟大的，还是上文所说“学不厌，教不倦”的精神。他自己说的“发愤忘食，乐以忘忧，不知老之将至”（见《论语·述而》），可以见他的“学不厌”；颜渊称他“循循然善诱人”，使学者“欲罢不能”（见《论语·子罕》），可以见他的“教不倦”。学不厌是“成己”、“立己”、“达已”的工夫；教不倦是“成物”、“立人”、“达人”的工夫（成己、成物，见《礼记·中庸》；“己欲立而立人，己欲达而达人”见《论语·雍也》）。推而极之，直可以赞化育，参天地。伟大哉教育！伟大哉孔子！“以言教者讼，以身教者讼”，孔子的教人，不但不以言教，而且不以声色化（《中庸》云“声色之于以化民，末也”），他完全着重在精神的感应、人格的感化。他们师生间情谊的密切，竟和父兄子弟一般。孔子于颜渊之丧，曾哭之至恸，曾有“天丧予”之叹，而且说：“回也视予犹父也，予不得视犹子也！”（均见《论语·先进》）他听到子路在卫国战死，甚至覆醢不忍食（见《礼记·檀弓》）。这都是从心坎里流出来的真情感。他老人家卒后，子贡曾谓夫子之丧颜回、丧子路，皆若丧子而无服，故请同学们丧夫子，若丧父而无服（亦见《檀弓》）。弟子心丧三年既满，治任将归，向子贡告别时，尚相向而哭，皆至失声，子贡又独居墓旁三年然后回去（见《孟子·滕文公》）。这种真挚浓厚的师生情感，求之今世，真不可再得了啊！

《论语》论修养，都以实际的言行为主，故立身处世之道言之最详，而其修养之理想的人格则曰“君子”。其论道德，则以“仁”为核心。仁者，人与人相处之道，以伦理关系之不同，乃分化为忠、孝、信、义等德目。仁以同情心为出发点（孟子以恻隐之心为仁之端，就是这个道理），故一切道德皆可以“忠恕”二字贯之。《中庸》所谓“所求乎子以事父，所求乎臣以事君，所求乎弟以事兄，所求乎朋友先施之”的“君子之道”，《大学》所谓“所恶于上毋以使下，所恶于下毋以事上，所恶于前毋以先后，所求于后毋以从前，所恶于右毋以交于左，所恶于左毋以交于右”的“絜矩之道”，亦不外乎“忠恕”二字。故曰“忠恕违道不远”（见《中庸》），“夫子之道忠恕而已矣”（见《论语·里仁》）。“能近取譬”，“推己及人”，“己欲立而立人，己欲达而达人”的“忠恕”，便是“为仁”之方。（《论语·雍也》子曰：“能近取譬，可为仁之方也已。”）所以我们如能细读《论语》，便可获得道德的明确观念、修养的正当方法。

孔子的教育和道德皆以情感为主，他自己当然也是一个富于情感的、活泼泼的人。《论语》中记孔子的日常生活极详，具体的如衣食细事，抽象的如他的神情态度，这些都是弟子们日常目睹的事实和心中所有的印象，老老实实地记录下来的。我们把零零碎碎的记录综合起来，与孔子自述语及弟子、时人对孔子的评论融会在一起，便会有一个活泼泼的孔子浮映在我们的脑际。孔子也是人，而且是一个富于情感的人，我们决不可把他当作泥塑木雕的偶像，看成出乎人情之外的“超人”之神。这样，这部《论语》方是活的书，读《论语》时方不至味同嚼蜡，读完后方能得到真实的效用，而可以变化我们的气质！

此外，如孔子的哲理谈，本来不多，因为他是注重实践，不尚空论的；如孔子的政治论、社会伦理说，颇多为当时政治、社会对症而发的，但前者大都渊源入微，后者的根本精神也有俟诸百世而不惑者。至其对于古人、古事的批评，也可藉以考见他个人理想的一斑。我们都应分类钞集，加以研究。总之，“孔子个人有多少价值，《论语》便也连带地有多少价值”，梁启超这句话是很对的。所以在十三经中，《论语》倒是极值得一读，而且须趁先研读的一部书！

第十二章

《孝经》与《尔雅》

第十二章
《孝经》与《尔雅》

《诗》、《书》、《礼》、《乐》、《易》、《春秋》是六经，《周礼》自刘歆以后已与《仪礼》并列为《礼经》，《礼记》及《公羊传》、《谷梁传》、《左传》虽本身都是传记而非经，但也与六经有直接关系，至于《论语》记述孔子的言行，亦为儒门宝典，这些书上几章都已说过了。《汉书·艺文志》六艺略所著录的，除六经及《论语》外，尚有“孝经”一类而以《尔雅》附之。现在《孝经》、《尔雅》二书都已列入十三经了，本章即就此二书分别加以说明。先述《孝经》，次及《尔雅》。

《诗》、《书》、《礼》、《乐》、《易》、《春秋》六经，本无以“经”为书名者，其称曰“经”乃后人的尊称，并非原来的书名上本有“经”字。只有《孝经》，去了“经”字便不成为一书名。按《汉志》云：“《孝经》者，孔子为曾子陈孝道也。夫孝，天之经，地之义，民之行也。举大者言，故曰‘孝经’。”（郑玄《孝经注序》亦云：“《孝经》者，三才之经纬，五行之纲纪。孝为百行之首，经者不易之称。”）据此，则此书名曰“孝经”，是因为孝是天经地义，并非因为它是一部“经”书。但是因孝为“天之经”而名曰“孝经”，其说仍嫌迂曲。我颇疑此书是后人所造，因为要依托孔子而名之曰“经”，却没有顾到和六经的书名两样。

蔡邕的《明堂论》曾引魏文侯的《孝经传》。《孝经传》虽已亡佚，但因此可推见战国初年已有《孝经》这部书，而且已经为人所研习、所重视了。《吕氏春秋·审微》篇引《孝经》诸侯章，亦可为战国时已有《孝经》之证。后儒以纬书有“孔子志在《春秋》，行在《孝经》”的话（见《孝经钩命诀》），遂谓孔子所创作的只有这两部书。史晨《奉祀孔子庙碑》云：“乃作《春秋》，复演《孝经》。”《百石卒史碑》云：“孔子作《春秋》，制《孝经》。”郑玄《六艺论》又云：“孔子以六艺题目不同，指意殊别，恐道离散，后人莫知根源，故作《孝经》以总会之。”可见汉人已把《孝经》的地位抬得很高。但是《孝经》第一章开首便说：“仲尼居，曾子侍。”岂有自己作书，称其弟子曰“子”的道理？即此一句，已可证明此书决非孔子所作了。如其是孔子弟子所记，也不应称孔子为“仲尼”，反称他的弟子为“曾子”。所以此书的作者不但不是孔子，而且不是孔子及门的弟子。

吕维祺《孝经或问》云：“《孝经》何为而作也？曰：为阐发明王以孝治天下之大经大法而作也。”又曰：“《孝经》论孝，大抵从立身行道、德教政治上说，非徒为曾子而言，盖为天下后世之君天下者言也。”俞樾《古书疑义举例》则谓孔子与曾子的问答，是假设之以明孝道与孝治之义。吕、俞二氏虽说此书不仅为曾子而作，问答是假设的，但言外之意仍认为是孔子作的。朱子《孝经刊误》引程迥之《答朱子书》及黄震的《黄氏日钞》都记南宋时人汪应辰的话，则疑《孝经》多出后人附会。纪昀《四库总目提要》论《孝经》道：

> 今观其文，去二戴所录（即指戴德之《大戴礼记》、戴圣之《小戴礼记》）为近，要为七十子之徒之遗书。使河间献王采入一百三十一篇中（《汉志》礼类有记百三十一篇。河间献王名德，景帝子。德得记百三十一篇，见《隋书·经籍志》），则亦《礼记》之一篇，与《儒行》、《缁衣》转从其类。惟其各出别行，称孔子所作，传录者又分章标目，自名一经，后儒遂以不类《系辞》、《论语》绳之，亦有由矣。

所以《孝经》这部书的地位，至多只能等于《礼记》中的一篇，与《论语》平列尚且不配，何况六经？

《孝经》在汉代已有两种本子，故《汉志》著录有“《孝经》古孔氏一篇”，自注云：“二十二章。”“《孝经》一篇”，自注云：“十八章。”古文本为孔安国所注，据说亦出于孔宅壁中，据《隋书·经籍志》，已亡于梁末。今文本为郑玄所注，经文今存，郑注亦亡，清严可均有辑本。现存十三经中的《孝经》，经文采用今文本，注是唐玄宗的御注。至于隋末王劭所访得的古文《孝经》，由刘炫撰序、述疏的，即为刘炫所伪造（亦见《隋书·经籍志》）。清代汪翼沧得自日本的古文《孝经》，也是伪书。十三经中今文本的十八章篇目如下：

1. 开宗明义章，2. 天子章，3. 诸侯章，4. 卿大夫章，5. 士章，6. 庶人章，7. 三才章，8. 孝治章，9. 圣治章，10. 纪孝行章，11. 五刑章，12. 广要道章，13. 广至德章，14. 广扬名章，15. 谏诤章，16. 感应章，17. 事君章，18. 丧亲章。

据《汉志》所云，西汉经生所传今文《孝经》"经文皆同，惟孔氏壁中古文为异"，且云："'父母生之，续莫大焉'，'故亲生之膝下'（按，皆《孝经》圣治章语），诸家说不安处，古文字读皆异。"可见今文本与古文本的文字、句读不同。古文《孝经》不但文字与句读和今文本不同，章数也比今文本多。古文本分三才章为二、圣治章为三，又多闺门一章，故有二十二章。按今文《孝经》十八章中，最长的是圣治章，共二百八十八字；最短的是五刑章，仅三十七字，而且是短的多，长的少。三才章的原文如下：

曾子曰："甚哉，孝之大也！"子曰："夫孝，天之经也，地之义也，民之行也。天地之经而民是则之，则天之明，因地之利，以顺天下。是以其教不肃而成，其政不严而治。先王见教之可以化民也，是故先之以博爱而民莫遗其亲，陈之以德义而民兴行，先之以敬让而民不争，导之以礼乐而民和睦，示之以好恶而民知禁。《诗》云：‘赫赫师尹，民具尔瞻。’”

试问我们如要把它分作二章，从哪里分起？朱子《孝经刊误》又据古文本删去二百二十三字，分为经一章、传十四章，这原和他分《大学》为经一章、传十章的法子一样。老实说，也是多此一举。元吴澄的《孝经定本》又改用今文本，而分之为经一章、传十二章，那更可不必论了。因为《孝经》本是寥寥短篇，用不着再加割裂，而且割裂古书，也不是学者应有的态度。

《孝经》以孝为“至德要道”、“天经地义”，以为“人之行莫大于孝”，“孝，始于事亲，中于事君，终于立身”，一切道德、一切人事都可以一“孝”字括之。《论语》记有子之言曰：“君子务本，本立而道生。孝、弟也者，其为仁之本与。”孔门原有以孝为本的道德论，但所谓孝是“为仁”之本者，是“行远自迩，登高自卑”的意思，是从孝做起的意思，不是用一个“孝”字来包括一切德目。可以包括一切德目的是仁，不是孝，我们只须细读《论语》便可以看出来。《孝经》所论，当为曾子以后某一派儒家后学的主张。但其中也颇有可采的话，如谏诤章所说：“父有争子则身不陷于不义，故当不义则子不可以不争于父。……从父之令，又焉得为孝乎？”现在我国尽有许多不能“戒之在得”的老翁，趁国难的机会升官发财的，他们的子女若不能据理力争，坐视老父之陷于不义，那便是大大的不孝了！至于“身体发肤，受之父母，不敢毁伤”，这是指平时说的，所以说是“孝之始”。如其当执干戈以卫社稷的时候，则又当别论。我以为《孝经》论孝，不如《礼记·祭义》所记曾子之言。曾子曰：“身也者，父母之遗体也。行父母之遗体，敢不敬乎？居处不庄，非孝也；事君不忠，非孝也；莅官不敬，非孝也；朋友不敬，非孝也；战阵无勇，非孝也。五者不遂，烖及其亲，敢不敬乎？”这不是明白得多了吗？

《汉志》于孝经类附著《尔雅》，凡三卷二十篇。《经典释文叙录》云：

> 《尔雅》者，所以训释五经，辨章同异，实九流之通路、百氏之指南，多识鸟兽草木之名，博览而不惑者也。尔，近也；雅，正也，言可近而取正也。《释诂》一篇盖周公所作，《释言》以下或言仲尼所增，子夏所足，叔孙通所益，梁文所补。张揖论之详矣。

按张揖，魏人，其《进广雅表》云：

> 周公著《尔雅》一篇（疑即指《释文叙录》所云《释

诂》)，今俗所传三篇(即指《汉志》所云三卷)，或言仲尼所增，或言子夏所益，或言叔孙通所补，或言沛郡梁文所考，皆解家所说，疑莫能明也。

扬雄《方言》谓《尔雅》为孔子门徒解释六艺而作，王充《论衡》同；欧阳修《诗本义》谓《尔雅》系学《诗》者纂集博士解诂而成，高承《事物记原》同。《永乐大典》引曹粹中《放斋诗说》曰："《尔雅》，毛公以前其文犹略，至郑康成时则加详。"纪昀《四库总目提要》亦谓《尔雅》乃录诸书训诂、名物之同异而自为一书，所采者不仅经义，并旁及《楚辞》、《庄子》、《穆天子传》、《管子》、《吕氏春秋》、《尸子》、《国语》诸书，盖亦《方言》、《急就》之流；其成书亦当在毛亨以后、武帝以前，周公、孔子皆为依托之词，且非纂自一手云云。可见《尔雅》为周公、孔子所作的话，是不可靠的了。或谓《大戴礼记》、《孔子三朝记》称孔子教哀公学《尔雅》，为此书成于孔子以前之证。孔子教哀公学《尔雅》的事，究竟可靠与否已不可知，而且"尔雅"二字是否即指《尔雅》一书，也还是疑问。"尔"通"迩"，"雅"者雅言，别于方言俚语而言。《汉志》序《尚书》，谓："古文读应尔雅，故解古今语而可知。"《汉书·儒林传》序亦云："文章尔雅，训辞深厚。""尔雅"二字，便非书名了。《尔雅》本以今语释古语，故取此名，但古籍中"尔雅"二字连用者甚多，就是今人常语也还有"温文尔雅”等语，都不是指《尔雅》这一部书而言的。所以梁启超《二戴礼记解题》附论《尔雅》，以为“不过秦汉间经师诂经之文，好事者辑为类书，以便参检”云云，并不是臆度之词，比较地可以相信。

今本《尔雅》共计十九篇，而《汉志》著录的有二十篇。近人叶德辉以为《汉志》盖合《序篇》言之，《序篇》已亡，《诗正义》中尝引之，可以为《尔雅》有《序篇》之证。今存十九篇的篇目，兹列举之如下：

1.《释诂》，2.《释言》，3.《释训》，4.《释亲》，5.《释宫》，6.《释器》，7.《释乐》，8.《释天》，9.《释地》，10.《释丘》，11.《释山》，12.《释水》，13.《释草》，14.《释木》，15.《释虫》，16.《释鱼》，17.《释鸟》，18.《释兽》，19.《释畜》。

《尔雅》可以说是我国最古的一部分类编撰的字书，除前三编释古代的词语、第四篇释古代亲属的称谓为比较抽象的之外，《释宫》以下则都是释实物名称的。

梁启超认为，《尔雅》本为《礼记》百三十一篇中的一篇或数篇，因为张揖《广雅表》有“《尔雅》一篇，……叔孙通撰置《礼记》，文不违古”的话。清臧庸辑有《尔雅汉注》，其序中曾列举汉人引《尔雅》之文而称《礼记》的实例，如班固

《白虎通·三纲六纪》篇引《礼·亲属记》，其文见于《尔雅·释亲》篇；应劭《风俗通·声音》篇引《礼记·乐记》，其文亦见于《尔雅·释乐》篇；何休《公羊解诂》宣公十二年注引《礼记》，其文亦见于《尔雅·释水》篇，诸如此类，不一而足。这又是《尔雅》本在《礼记》中的明证。后来刘歆欲立古文学，尝征募能为《尔雅》者千余人，讲论庭中（见《汉书·楚元王传》），于是《尔雅》一书声价陡增，也跻于经书之列了。

《尔雅》原是一部备查的书，我们如果要细读它，必致阅未终篇便昏昏欲睡，如果要熟读它，也是事实上不可能的；即使有人能熟读，也是徒耗脑力，难能而不可贵的。为求时间、精力的经济计，此书简直不值得一读。但是我们如能略加翻阅，懂得它分类的大概、检查的方法，则于阅读古书时却可以得些帮助。例如首篇《释诂》第一句云："初、哉、首、基、肇、祖、元、胎、俶、落、权舆，始也。"便是说，这许多词都可作"始"字解。《释言》的"还、复，返也"，"驲、遽，传也"之类；《释训》的"明明、斤斤，察也"，"穆穆、肃肃，敬也"之类，也和《释诂》差不多。《释亲》则于"宗族"、"母党"、"妻党"、"婚姻"的称谓，都解释得明明白白。就如《释宫》以下各篇，对于古代房屋各部的名称，山川鸟兽、虫鱼草木的物名，有与现代不同，为一般人所不能领会的，一查此书便可了然。

现在还有些好古之士，不但喜以甲子纪年，且喜欢用"阏逢”、“困敦”一类代用之词，我们见了更不知所谓，如其一检《尔雅·释天》，便可列成一个便于检查的简明的表：

（一）岁阳　太岁在十干，有十个不同的名称，叫做“岁阳”。

甲——“阏逢”　乙——“旃蒙”　丙——“柔兆”

丁——“强圉”　戊——“箸雍”　己——“屠维”

庚——“上章”　辛——“重光”　壬——“玄黓”

癸——“昭阳”

（二）岁阴　太岁在十二支，也有十二个不同的名称，叫做“岁阴”。

子——“困敦”　丑——“赤奋若”　寅——“摄提格”

卯——“单阏”　辰——“执徐”　巳——“大荒落”

午——“敦牂”　未——“协洽”　申——“涒滩”

酉——“作噩”　戌——“阉茂”　亥——“大渊献”

为它们就是天干、地支的代用词，所以《史记·历书》司马贞《索隐》引《尔雅·释天》简直说：“岁阳者，甲、乙、丙、丁、戊、己、庚、辛、壬、癸十干是也；岁阴者，子、丑、寅、卯、辰、巳、午、未、甲、酉、戌、亥十二支是也。”

这许多奇怪的名称，我们看了竟有些无从索解。注疏《尔雅》的人，如郭璞注、邢昺疏、邵晋涵《尔雅正义》、郝懿行《尔雅义疏》及所引李巡的解释，虽然也各加以训释，但仍是望文生义。例如：

阏逢，“言万物锋芒欲出，拥遏未通，故曰阏逢。”

旃蒙，“言万物遏蒙甲而出，故曰旃蒙。”

柔兆，“言万物皆垂枝布叶，故曰柔兆。”

强圉，“言万物皆刚盛未通，故曰强圉。”

箸雍，“言位在中央，万物繁养四方，故曰箸雍。”

屠维，“言万物各成其性，故曰屠维。屠，别；维，离也。”

上章，“言阴气上升，万物毕生，故曰上章。”

重光，“言万物皆成熟，其光煌煌，故曰重光。”

玄黓，“言物终而幽翳也。”

昭阳，“言阳气始萌，万物含生，故曰昭阳。”

困敦，“言阳气皆混，万物芽孽，故曰困敦。”

赤奋若，“言阳气奋迅万物而起，无不若其性，故曰赤奋若。赤，阳色；奋，迅也；若，顺也。”

摄提格，“言万物皆承阳起，故曰摄提格。格，起也。”

单阏，“言阳气推万物而出，故曰单阏。单，尽也；阏，止也。”

执徐，“言蛰之物皆敷舒而出，故曰执徐。执，蛰也；徐，舒也。”

大荒落，“言万物皆炽茂而大出，霍然落落，故曰大荒落。”

敦牂“言万物皆茂壮，猗那其枝，故曰敦牂。敦，茂也；牂，壮也。”

协洽，“言阴阳化生，万物和合，故曰协洽。”

涒滩，“言万物皆循修其精气，故曰涒滩。”

作噩，“言万物坠落，故曰作鄂（‘噩’一作‘鄂’）。作，索也；鄂，落也。”

阉茂，“言万物皆蔽冒，故曰阉茂。阉，蔽也；茂，冒也。”

大渊献，“言万物落于亥，大小深藏屈近阳，故曰渊献。渊，藏也；献，近也。”

我们看了这些解释，仍是莫名其妙。其实十干、十二支的原名已是费解，又化出这二十二个岁阳、岁阴的干支代用词，自然更不能使我们了解了。此外，还有十二个月名，也见于《尔雅·释天》，列举如下：

正月——“陬月”　二月——“如月”

三月——“寎月”　四月——“余月”

五月——“皋月”　六月——“且月”

七月——“相月”　八月——“壮月”

九月——“玄月”　十月——“阳月”

十一月——“辜月”　十二月——“涂月”

这些月名的解释，不复申述。《离骚》云“摄提贞于孟陬”，就是屈原说他自己生于寅年的正月。宋之问诗云“阳月南飞雁，传闻至此回”，即以“阳月”指十月。所以这些岁月的代用词，虽然没有什么意义，有时候却也有些用处。

《尔雅》无今文、古文之分，因它的成书是在叔孙通、毛亨以后（已见上文），似乎当然是今文。实际上，它却是一部助经古文学张目的书。清孙星衍《尔雅释地四篇后叙》说："《尔雅》所记则皆《周官》之事。"据陈启源《毛诗稽古编》所考，《尔雅》所记多同《诗》的毛传。康有为云：

> 《尔雅》训诂以《毛诗》、《周官》为主。《释山》则有五岳（"泰山为东岳，华山为西岳，霍山为南岳，恒山为北岳，嵩山为中岳"），与《周官》合（春官宗伯有"祭社稷、五祀、五岳"语），与《尧典》（按见今《舜典》，岱宗、南岳、西岳、北岳仅四岳）、《王制》（《王制》与《尧典》同）异；《释地》九州与《禹贡》异（《释地》云"两河间曰冀州，河南曰豫州，河西曰雍州，汉南曰荆州，江南曰扬州，济河间曰兖州，济东曰徐州，燕曰幽州，齐曰营州"，《禹贡》九州为冀州、兖州、青州、徐州、扬州、荆州、豫州、梁州、雍州，所说地位亦与《尔雅》不同），与《周官》略同（《周官》九州为扬州、荆州、豫州、青州、兖州、雍州、幽州、冀州、并州，见夏官职方氏）；《释乐》与《周官》大司乐同；《释天》祭名与《王制》异，与《毛诗》、《周官》合（按《尔雅·释天》云"春祭曰祠，夏祭曰礿，秋祭曰尝，冬祭曰烝"，《王制》云"春曰礿，夏曰禘，秋曰尝，冬曰烝"，《周官》则曰"春礿，夏禴，秋尝，冬烝"，见春官宗伯）。若其训诂，全为《毛诗》。

可见它虽无古文经之名，实为古文经说的总汇。

《汉志》在《尔雅》之后又附有《小雅》一篇，宋祁曰："'小'字下一本有'尔'字。"按今《孔丛子》中有《小尔雅》一篇，钱大昕曰："李善《文选注》引《小尔雅》皆作'小雅'，此书依附《尔雅》而作，本名《小雅》。后人伪造《孔丛》，以此篇窜入，因有《小尔雅》之名，失其旧矣。一本'尔'字亦俗儒增入，不可据。"今存《小尔雅》系从伪《孔丛子》中录出，已非《汉志》著录的《小雅》原书了。魏张揖有《广雅》、宋陆佃有《埤雅》，都是摹仿《尔雅》作的，论其价值，却都是后来居上呢！

总之，《孝经》和《尔雅》都只能说是六经的附庸，《汉志》著录于六艺略中，也是附录之意。后来因此列为十三经之二，地位就抬高了。以它们本身的价值说，还不及《论语》哩！

第十三章
《孟子》

第十三章
《孟子》

十三经末了的一部书是《孟子》。这一部书，《汉书·艺文志》并不列入六艺略中。凡是经，以及和经有直接关系的，无论是先秦古籍，还是西汉经生的作品，《汉志》都列入六艺略，《孟子》却与《荀子》（《汉志》作“孙卿子”）之类同著录于诸子略儒家类中，可见刘歆、班固都认《孟子》为一部“子”，不是一部“经”。《隋书·经籍志》、《唐书·艺文志》都以经、史、子、集四部分类，《孟子》也仍列入子部。可见在北宋以前，《孟子》还不算是经。南宋孝宗时，朱子把本在《小戴礼记》中的《大学》和《中庸》二篇特别提了出来，与《汉志》列入六艺的《论语》、列入诸子的《孟子》，并列为“四书”。他宗程子之说，以为《大学》是“初学入德之门”，是曾子所述，子思的《中庸》是“孔门传授心法”，和记孔子言行的《论语》、记孟子言论的《孟子》，是孔子、曾子、子思、孟子一脉相承的“道统”所在，这在第一章里已经提到过了。《孟子》的自子部升入经部，列为十三经之一，便是由此。

《汉志》诸子略儒家类有“《孟子》十一篇”，现存十三经中的《孟子》都只有七篇，较《汉志》著录的少了四篇，这是什么缘故？汉赵岐所注亦仅七篇，与今本篇数相同。其《孟子题辞》云：“又有外书四篇，《性善辩》、《文说》、《孝经》、《为政》。其文不能宏深，不与内篇相似，似非《孟子》本真，后世依放（同‘仿’）而托之者也。”《风俗通·穷通》篇也说：“作书中、外十一篇。”可见七篇是“中”，四篇是“外”（周秦诸子之书，有分内篇、外篇者，今存《庄子》还是如此），《汉志》是把七篇和四篇合计的，所以有十一篇。现在四篇已亡，所以全书仅存七篇了。王应麟《困学纪闻》云：“汉《七略》所录，若齐《论》之《问王》、《知道》，《孟子》之外书四篇，今皆无传。”则此四篇外书，南宋以前就都亡了。孙奕《履斋示儿编》云：“昔尝闻前辈有云，亲见馆阁中有《孟子》外书四篇，曰《性善辩》、曰《文说》、曰《孝经》、曰《为政》。”刘昌诗《芦浦笔记》云：“予乡新喻谢氏多藏古书，有《性善辩》一帙。”似乎南宋人还有见到的。赵岐疑这四篇外书“其文不能宏深，不与内篇相似，似非《孟子》本真，后世依放而托之者”，故作《孟子章句》时仅注内书七篇。此后传《孟子》的都以赵氏《章句》为本，外书四篇遂致亡佚。南宋去东汉赵氏时已有一千多年，不应在馆阁中还有完全的四篇外书。而且当时在馆阁中的文人、学士，何以也没有目睹这四篇外书而详细说及的呢？新喻谢氏所藏的《性善辩》一帙，刘昌诗似乎曾目睹过。《隋书·经籍志》有梁綦毋邃的《孟子注》九卷。别的《孟子》都只有七卷，他的《孟子注》独有九卷，似乎所失的外书四篇，梁时曾得其二，至南宋时又仅存刘氏所见、谢氏所藏的一篇《性善辩》了。綦毋氏的《孟子注》，李善注《文选》还引用它，似乎在唐代还流行着。那么，其中有无外书，何以唐代没有人说及呢？按王充《论衡·本性》篇但云“孟子作《性善》之篇”，下面并没有一个“辩”字。所以清翟灏的《孟子考异》认为，这四篇的篇名应当是《性善》、《辩文》、《说孝经》、《为政》。而且《孝经》本另有一书，《孟子》篇名似亦不当和它完全雷同。则新喻谢氏所藏的《性善辩》，或者又是后人依仿那本出后人依托的四篇外书而作，为伪书之伪书亦未可知了。到了明末，姚士粦等又传《孟子》外书四篇，说是熙时子注，友人吴骞刻板印行，前面有马廷鸾的序。熙时子，相传就是刘贡父（宋刘邠字贡父）。这部书，丁杰已列条辩驳，证明为伪中之伪，更没有值得讨论的价值了。总之，我们要读《孟子》，对于这四篇外书竟可以置之不理。

《孟子》七篇的篇目，和《论语》二十篇的篇目一样，是无义的，是取每篇首章的第一句或第二句的二字或三字为题的，兹列举之如下：

1.《梁惠王》，首章首句为“孟子见梁惠王”。

2.《公孙丑》，首章首句为“公孙丑问曰”。

3.《滕文公》，首章首句为“滕文公为世子”。

4.《离娄》，首章首句为“孟子曰，离娄之明”。

5.《万章》，首章首句为“万章问曰”。

6.《告子》，首章首句为“告子曰”。

7.《尽心》，首章首二句为“孟子曰，尽其心者”。

《孟子》这部书的体裁，确和《庄子》、《墨子》、《荀子》等不同，而反类似《论语》。因为一般的子书都是一篇篇的长篇大论，《孟子》中虽也有长篇，但是记问答的居大多数，而且有仅记几句话的，恰和《论语》的体例相象，和其他的子书不同。

《史记·孟子荀卿列传》云：“孟轲……所如（往也）皆不合，退而与万章之徒序《诗》、《书》，述仲尼之意，作《孟子》七篇。”赵岐《孟子题辞》亦云：“……于是退而论集所与高弟弟子公孙丑、万章之徒难疑答问，又自撰其法度之言，著书七篇。”据此，则七篇之书是孟子自己作的了。但是《孟子》中于孟子所曾晤见的诸君都举其谥，如梁惠王、梁襄王、齐宣王、鲁平公等，他们不应皆先孟子而死，而且此书的体裁极似《论语》，所以一般人疑是他的门弟子所记录编纂，和《论语》一样。阎若璩《孟子生卒年月考》则仍以七篇为孟子自作，并云：“《论语》成于门人之手，故记圣人容貌甚悉；七篇成于己手，故但记言语或出处。”又云：“卒后为门人所叙定，故诸侯王皆加谥。”焦循《孟子正义》亦云：“平日与诸弟子解说之辞，诸弟子各记录之，至是孟子聚集而论次之，如篇中诸问答之文是也。其不由问答，如《离娄》、《尽心》等章，则孟子自撰也。又有与齐、魏、邹、滕诸君所言，景子、庄暴、淳于髡、周霄、景春、宋轻、宋句践、夷之、陈相、貉稽、戴盈之、戴不胜、储子、沈同、陈贾、慎子、王驩等相问答，盖亦诸弟子录之而孟子论集之矣。”我以为弟子记录其师的言论，并没有必须兼记其容貌、态度、日常生活的必要，孟子生当战国，已在老子、墨子等立论著书之后，如其自己著书，似不至琐琐屑屑地把片言只语都记下来而不做成长篇的议论，就是记与弟子、时人问答的各章，都自称“孟子”，也不像自己动笔的样子。这七篇中，或者有他自己写的文章羼入其中，大部分必是他的弟子记录的。

读书贵乎论世，我们读《孟子》，孟子的为人如何，先得知道一个大概。我们读《论语》，要知道孔子的生平，可以参看《史记》的《孔子世家》。虽然所记的事实也有不可靠的（如欲应公山弗扰及佛肸之召之类），也有不足取的（如孔子能识坟羊之类），但记叙得比较详细。所以孔子的名字（名丘，字仲尼），里居（鲁昌平乡陬邑）、世系（如其先祖弗父何让国，正考父仕宋，孔防叔奔鲁，以及其父叔梁纥娶颜氏而生孔子）、履历（如仕鲁由中都宰至司寇，及周游列国，退修六经及教授弟子等），都可从《孔子世家》中考见之。《史记》也有孟子的传，但比《孔子世家》要简略得多了。据《史记》，孟子名轲，邹人，邹是小国，即春秋时之邾国。他的字是什么，赵岐《孟子题辞》已说“字则未闻”了，王应麟《困学纪闻》亦云：“孟子字未闻。《孔丛子》云‘子车’，注：‘一作子居。居贫坎轲，故名轲，字子居。亦称字子舆。’《圣证论》云：‘《子思子》、《孔丛子》有孟子居，即是轲也。’《傅子》云：‘孟子舆。’疑皆傅会。”史鹗《三迁志》也说：“孟子字，自司马迁、班固、赵岐皆未言及。魏人作徐干《中论》序曰：‘孟轲、荀卿怀亚圣之才，著一家之法，皆以姓名自书，至今厥字不传。原思其故，皆由战国之士乐贤者寡，不早记录耳。’”按王、史二氏所云，则孟子之字只能阙疑了。《孔丛子》是王肃伪造以成其《圣证论》的，不足为据。傅玄生于司马迁、赵岐之后，又何以知之？至于孟子的出处事迹，当以见于本书者为可信。我们如果能细加细绎，排列先后，参考《史记》的传、赵岐的《题辞》，以及阎若璩的《孟子生卒年月考》。狄子奇的《孟子编年》等书，很可以写成一篇《孟子传》。

《史记·孟子荀卿列传》说孟子受业子思之门人，司马贞《索隐》云：“王劭以‘人’为衍字。”如王劭所说，则孟子是亲受业于子思之门了。《汉志》诸子略儒家类有“《孟子》十一篇”，班固自注云：“名轲，邹人，子思弟子。”按《列女传》也说：“孟子旦夕勤学不辍，师事子思，遂成天下之名儒。”《风俗通·穷通》篇也说：“孟子受业于子思。”两汉学者似都以孟子为子思的及门弟子。孟子究竟是子思的弟子呢，还是子思弟子的弟子呢？这倒比较地可以考证。据《史记·孔子世家》，子思活了六十二岁。子思是孔子的孙子、伯鱼的儿子。孔子死于周敬王四十一年，伯鱼比孔子先死三年，在敬王三十九年。子思最迟生在子思死的那一年，即便是遗腹子，也须生于子思死的第二年，即敬王四十年。从这时算起，子思当死在威烈王八九年的时候。孟子生于烈王四年，上距子思之卒已四十七年了。但是从《孟子》本书中看来，子思曾为鲁缪（“缪”同“穆”）公所敬礼，而缪公即位在威烈王十九年，故或谓《史记》“子思年六十二”的“六”字是“八”字之误。但即使子思活至八十二岁，孟子也不及亲受业于子思（按《史记·鲁世家》，鲁哀公在位二十七年，悼公继立，在位三十七年；元公继立，在位二十一年，穆公继之。孔子卒于哀公十六年，子思生于孔子卒之前三年，而及见鲁穆公，即使死在穆公初年，年寿也不止六十二岁），因为假定子思八十二岁而卒，当在穆公十年左右。孟子曾见鲁平公（见本书），从鲁平公元年到穆公十年已有八十三四年了（穆公在位三十三年，共公继立，在位二十二年；康公继立，在位九年；景公继立，在位二十九年；景公卒后，平公继立）。即使根据《史记》的《六国年表》来推算，鲁穆公元年当威烈王九年，魏惠王（即《孟子》之梁惠王）元年当烈王六年，相距三十八年。孟子于魏惠王三十五年游魏，上距穆公元年也已七十三年。那么，如果孟子曾亲受于子思，也必以不满十岁的孩子去做年逾八十的大儒的弟子，以人情推度起来似乎也说不通。而且孟子书中，对于这位大名鼎鼎的教师，何以不曾明明白白地说及自己和他的师生关系呢？所以我认为倒是《史记》“受业于子思之门人”的话，比较可靠。

孟子的学说，以他的“性善论”为其根据。孟子主“性善”，和荀子主“性恶”正是相反的两派。孟子主张“性善”，故其教人在“尽性”而复其善；荀子主张“性恶”，故其教人在“化性”“积善”。前者是奖掖的、诱导的教育法，后者是督责的、约束的教育法。他的“性善论”的根据，以及他和同时人的辩论，都可从《孟子》本书里找出来。例如《公孙丑》篇有这样一章：

孟子曰：“人皆有不忍人之心。先王有不忍人之心，斯有不忍人之政矣。以不忍人之心，行不忍人之政，治天下可运之掌上。所以谓人皆有不忍人之心者，今人乍见孺子将入于井，皆有怵惕恻隐之心。非所以内交于孺子之父母也，非所以要誉于乡党朋友也，非恶其声而然也。由是观之，无恻隐之心非人也，无羞恶之心非人也，无辞让之心非人也，无是非之心非人也。恻隐之心，仁之端也；羞恶之心，义之端也；辞让之心，礼之端也；是非之心，智之端也。人之有是四端也，犹其有四体也。有是四端而自谓不能者，自贼者也；谓其君不能者，贼其君者也。凡有四端于我者，知皆扩而充之矣，若火之始然（同‘燃’）、泉之始达。苟能充之，足以保四海；不能充之，不足以事父母。”

因为这四种善端是人人本性所同具，所以说性是“善”的。所以他认为“仁义礼知，非由外铄我也，我固有之也”，认为“人性之善也，犹水之就下也，人无有不善，水无有不下”。那么，天下为什么有许多恶人呢？孟子以为“若夫为不善，非才之罪也”，此如“富岁子弟多赖，凶岁子弟多暴，非天之降才尔殊也，其所以陷溺其心者然也”。孟子常言“人之所以异于禽兽者几希”，所谓“几希”之别，即在人性中本有善端。所以孩提之童都各有他们爱亲敬长的“良知良能”。因为后天环境的熏染、外物的诱惑、人事的激荡，才把这固有的“善端”与“良知良能”，旦旦而伐，反复梏亡，以致荡然无存了。他又用麰麦来比喻，以为麰麦的种子原是相同，而地有肥硗、雨露人事有不齐，所以收获不同。“性善论”是孟子学说的根据，散见各篇中者很多，我们得把它们好好地收集起来，整理起来，加以一番研究。

孔子论政，也主张先“庶”，次“富”，后“教”（见《论语·子路》子适卫章），孟子则言之更详。孟子所主张的“仁政”，都是先求解决民生问题，然后施以教育。所以他告诫梁惠王，直以“使民养生送死无憾”为“王道之始”。对齐宣王说的一段话，更为详尽（见《梁惠王》）：

> 无恒产而有恒心者，惟士为能。若民，则无恒产因无恒心。苟无恒心，放辟（同“僻”）邪侈，无不为已。及

> 陷于罪，然后从而刑之，是罔民也。焉有仁人在位，罔民而可为也？是故明君制民之产，必使仰足以事父母，俯足以畜妻子，乐岁终身饱，凶年免于死亡，然后驱而之善，故民之从之也轻。今也制民之产，仰不足以事父母，俯不足以畜妻子，乐岁终身苦，凶年不免于死亡。此惟救死而恐不赡，奚暇治礼义哉？

无恒产则生活不安定，生活不安定则小而欺诈偷窃、大而杀人越货，必至无所不为。不先替人民打算，解决他们的生活问题，无论以刑赏去惩治、以教育去感化，都是不能收效的。所以他主张（见《梁惠王》）：

> 五亩之宅树之以桑，五十者可以衣帛矣；鸡豚狗彘之畜无失其时，七十者可以食肉矣；百亩之田勿夺其时，八口之家可以无饥矣；谨庠序之教，申之以孝悌之义，颁白者不负戴于道路矣。老者衣帛食肉，黎民不饥不寒，然而不王者未之有也。

那时候还是纯粹的农业生产时代，所以他的“民生主义”完全从耕稼、畜牧、蚕桑着眼。在几千年前，谈政治已注意到民生和经济，思想的前途、眼光的远大，是值得佩服的。他这种主张并不是徒发空论的，是有他理想的办法的。他的“制民之产”的办法，就是类似“均产制”的井田制度，“方里而井，井九百亩，其中为公田，八家皆私百亩”。八家共耕公田，即以公田的收入为国家取于人民的赋税，这种收税的制度叫做“助”，他以为比较“贡”、“彻”二法都来得好（见《滕文公》）。这种制度，古代究竟有没有试行过？究竟在现代人口稠密的时代，或多山川的地方，可否试行？固然都是疑问。但在他那时代、在北方平原地带，我们不能不承认它是一种比较合于事实的理想政策。他又曾说：“民为贵，社稷次之，君为轻。”（见《尽心》）他告齐宣王，以为国人皆曰贤，然后可以察而用之；国人皆曰不可，然后可以察而去之；国人皆曰可杀，然后可以察而杀之（见《梁惠王》）。他答万章，论到尧禅舜，舜禅禹，禹独不传益而传其子启，是由于天意，而天意的表现却全在民意的向背（见《万章》）。我们虽不能因此便把他拉扯到民权主义上去，但在数千年以前的政论家已知民之可贵、民意之可尊重，不是很难得的吗？所以孟子的政治理论，也是值得我们研究的。

《孟子》里的道德论、修养谈，和《论语》的一样，有许多是到现在还有价值的。孔子以“仁”为一切道德的总纲，孟子却于“仁”字之外加上一个“义”字。他以为“仁”是“人之安宅”、“天下之广居”，“义”是“人之正路”、“天下之达道”，所以说：“居仁由义，大人之事备矣。”（见《尽心》）孟子的理想人格也是“君子”，可是“君子”之外还有所谓“大人”。

例如，“大人者，不失其赤子之心者也”（见《离娄》）；“大人者，言不必信，行不必果，惟义所在”（见《离娄》）；“从其大体为大人，从其小体为小人”（见《告子》）。可是“君子”、“大人”这两个名词，有时是指在上位者而言（如“无君子莫治野人，无野人莫养君子”，“说大人则藐之”之类），在《论语》里也是如此，我们阅读时必须把它们辨认清楚。孟子的修养方法，最重一个“心”，所以说“养心”（《尽心》云“养心莫善于寡欲”），“存心”（《离娄》云“君子之所以异于人者，以其存心也’），“尽心”（《尽心》云“尽其心者，知其性也”），“求其放心”（《告子》云“学问之道无他，求其放心而已矣”），“不动心”（《公孙丑》篇首章即论“不动心”之道在“知言”、“养气”）。宋儒的理学以“心”、“性”为研究修养的对象，是从《孟子》出来的。

孟子于出处、辞让之间，最讲究一个“义”字。义者，宜也。出处去就、辞让取予，都应当先问义不义，所谓义不义者，就是应该不应该、合理不合理。即使眼前富贵唾手可得，如其是不义的，便不应该“就”、不应该“取”。不但去就、取予，甚至于生死也当以义为权衡。所以他说：“生亦我所欲也，义亦我所欲也，二者不可得兼，舍生而取义者也。”（见《告子》）这种“舍生取义”的精神，和《论语》里孔子所说的“杀身成仁”同样伟大，宋末的文天祥便得力在这两句话，在今日尤应加以提倡！

第十三章
《孟子》

《论语》和《孟子》虽然同是记圣贤的言行的，而文章的体制和风格不同。《论语》是简朴的记述，《孟子》却有波澜壮阔、风云变幻的长篇议论，这正和《老子》以古朴胜、《庄子》以奇肆胜一般，我颇疑心是春秋时代和战国时代的作风不同。至于孔子和孟子气象之不同，也可以从《论语》、《孟子》这二部书里看出来。孔子的气象是中正和平的，孟子的气象是刚健雄伟的；孔子的言论是含蓄的、光焰内敛的，孟子的言论是畅快的、光芒四射的。所以熟读《孟子》，在文章方面，尤其是议论文方面，有很大帮助。

第十四章

六经的传授

第十四章
六经的传授

十三经的内容大概，既分述如上，兹当进而述经学之略史。十三经是南宋以后方才完成的经部的丛书，所以述古代的经学，当以六经的传授为主。陶潜《圣贤群辅录》云：“颜氏传《书》，为讽谏之儒；孟氏传《书》，为疏通知远之儒；漆雕氏传《礼》，为恭俭庄敬之儒；仲良氏传《乐》，为移风易俗之儒；乐正氏传《春秋》，为属辞比事之儒；公孙氏传《易》，为絜静精微之儒。”陶潜所举的六家传经之儒，皆见于《韩非子》的《显学》篇。（《显学》篇云：“孔子之后，儒分为八，有子张氏、子思氏、颜氏、孟氏、漆雕氏、仲良氏、公孙氏、乐正氏。”）但他们的名字、传授，已无可考。孔门传经之儒，现可考见者，当首推卜子夏。《经典释文叙录》于周易类首列子夏《易传》三卷，自注云：“卜商字子夏，卫人，孔子弟子。”（按此《易传》或云为汉人韩婴字子夏，即传《韩诗》者所作。）《毛诗》之学，一云子夏授高行子，四传而至小毛公；一云子夏传曾申，五传而至大毛公（亦见《释文序录》）。《春秋》，则公羊高受之于子夏（见《释文序录》自注），谷梁赤亦为子夏门人（见《释文序录》自注引《风俗通》）。《仪礼·丧服》亦有子夏传（今存

《仪礼》中)，而《论语》，郑玄亦谓为仲弓、子夏等所撰定。故后汉徐防上疏，有“《诗》、《书》、礼、乐定自孔子，发明章句始于子夏”的话。宋洪迈《容斋随笔》也说：“孔子弟子，惟子夏于诸经独有书。”虽朱彝尊《经义考》说孔门自子夏兼通六艺而外，尚有受《易》的子木（商瞿），习《书》的子开（漆雕开），述《孝经》的子舆（曾参），问乐的子贡（端木赐）以及仲弓（冉雍）、闵子骞（闵损）、盲游（言偃，字子游）的纂《论语》，孺悲的传《士丧礼》，但是传授群经的，终当首推子夏。

孔子论学本是学与思二者并重的，《论语·为政》：“子曰：‘学而不思则罔，思而不学则殆。’”《卫灵公》：“吾尝终日不食、终夜不寝以思，无益，不如学也。”《中庸》也说：“博学之，审问之，慎思之，明辨之，笃行之。有弗学，学之弗博弗措也；有弗思，思之弗得弗措也；有弗辨，辨之弗明弗措也；有弗行，行之弗笃弗措也。”博学”、“审问”，可以说是学；“慎思”、“明辨”，可以说是思。前者是“道问学”的工夫，后者是“尊德性”的工夫（《中庸》有“故君子尊德而道问学”之语)。这两种工夫的终极目的，还在乎“笃行”。这本是各方顾到、不偏不倚的，孔门弟子则就其个性各展所长，于是有闻“一贯之道”的曾子，(《论语·里仁》：“子曰：‘参乎！吾道一以贯之。’曾子：曰‘唯。’子出，门人问曰：‘何谓也？’曾子曰：‘夫子之道，忠恕而已矣。’”）有兼传六艺的子夏，所谓“传道”、“传经”就分道扬镳了。战国时，儒家巨子首推孟轲、荀况。孟子，可以说他是“传道之儒”，继承曾子一派的；荀子，可以说他是“传经之儒”，继承子夏一派的。《释文叙录》谓，《毛诗》一云孙卿子（即荀子）传鲁人大毛公，则《毛诗》出自荀子；《汉书·楚元王传》谓元王刘交少时尝与鲁穆生、白生、申公受《诗》于浮丘伯，而伯为孙卿之门人，《鲁诗》为申公所传，则亦出于荀子；《韩诗》今存《外传》，其中引《荀子》以说《诗》者凡四十四则，是《韩诗》亦与荀子合。《释文序录》又谓左丘明作传授曾申，申传吴起，起传其子期，期传铎椒，椒传虞卿，虞卿传荀卿，则《左传》亦传于荀子；《汉书·儒林传》谓瑕丘江公受《谷梁春秋》于申公，而申公为荀子再传弟子，则《谷梁传》亦荀子所传。《大戴礼记·曾子立事》篇载《荀子》的《修身》、《大略》二篇文，《小戴礼记》之《乐记》、《三年问》、《乡饮酒义》诸篇载《荀子》的《礼论》、《乐论》二篇文，荀子论学、论政本是注重“礼教”、“礼治”的，其深于礼不言可知。刘向又称荀子善为《易》，其义略见《非相》、《大略》二篇中。可见传经之功，荀子最大了（参阅汪中《述学·荀子通论》）。

秦始皇统一六国，废封建，立郡县，为我国政治史上划时代的改革。因为当时的儒生如淳于越等，援古证今，反对他这种重大剧烈的改革，故从丞相李斯之议，欲根绝儒生是古非今的议论，于是下焚禁《诗》、《书》之令。本书第二章里已将这事的原委评述过了。始皇的焚禁，虽然不曾使六经之传根断株绝，但所受打击终是极大的。汉惠帝四年，始明令废除挟书之禁，于是传经之儒先后继出，经学乃特盛于西汉。《史记·儒林传》说："言《诗》，于鲁则申培公，于齐则辕固生，于燕则韩婴；言《尚书》，自济南伏生；言《礼》，自鲁高堂生；言《易》，自菑川田生；言《春秋》，于齐鲁自胡毋生，于赵自董仲舒。"西汉传经之儒，这几个人可以说是领袖。

申培，鲁人。因为他是西汉初的老儒，故称之曰"申公"。汉高祖过鲁时，申公就以弟子从师晋见了。吕后时游学长安，与刘郢同师。后郢封楚王，延申公为其子戊之傅。及戊嗣立，乃胥靡申公，申公耻之，乃归鲁，家居教授。尝为《诗》训故（即《汉志》六艺略诗类中的《鲁故》，今已亡）。后因其弟子赵绾为御史大夫，王臧为郎中令，荐于景帝，乃以安车驷马迎之，为大中大夫，申公时已八十多岁了。因"为政不在多言，顾力行何如耳"之对，不为景帝所喜；而窦太后好黄老，不喜儒术，赵绾、王臧皆得罪下狱自杀，申公亦以疾免归。因为申公是鲁人，所以他所传的一派《诗经》叫做"鲁诗"。辕固，齐人，尊称之，故曰"辕固生"。辕固生亦治《诗》，景帝时为博士。尝与黄生辩"汤武非受命"的问题于景帝之前。窦太后召辕固生问《老子》，固轻视《老子》，以为"此是家人言耳"。太后怒，罚令入圈刺豕。后又尝为清河王太傅，以病免。武帝时，复与公孙弘等以贤良征。固尝诫弘曰："公孙子务正学以言，毋曲学以阿世！”时固年已九十余，终以老罢归。因为他是齐人，所以他所传的一派《诗经》叫做“齐诗”。韩婴，燕人，时称“韩生”。文帝时为博士，景帝时为常山王太傅。韩婴也研究《诗经》，著有《内传》、《外传》。这一派《诗经》，却不称为“燕诗”而称为“韩诗”。以上三派关于《诗》的著述，《汉志》著录的，有《鲁故》、《鲁说》、《齐后氏故》（后仓）、《齐孙氏故》、《齐后氏传》、《齐孙氏传》、《齐杂记》、《韩故》、《韩内传》、《韩外传》，现存的只有《韩诗外传》一种，其余都已亡失了（近人杨树达谓《内传》存今本《外传》中，见所著《汉书补注补正》）。

伏生，名胜，济南人，本为秦博士。以今文《尚书》二十九篇教于齐鲁之间，文帝使晁错往伏生处受《尚书》的故事，第五章里已说过了。伏生所作《尚书大传》，今已残缺。《汉志》尚书类著录的“传四十一篇”，不知是否指伏生的《尚书大传》。伏生的弟子，以济南人张生及千乘人欧阳生（字和伯）为最著。张生曾为博士，又传夏侯都尉，都尉传其族子始昌，始昌传胜，胜又传其从兄子建。胜官至长信少府，建官至太子太傅，时称胜为“大夏侯”、建为“小夏侯”。欧阳生以《尚书》授倪宽，宽尝为武帝语经学，官至御史大夫。宽后以授欧阳生子，世世相传，至其曾孙欧阳高（字子阳），为博士。夏侯建既传其从父胜之《尚书》，又从欧阳高学，其章句、故训颇与胜相出入。胜斥建为“章句小儒，破碎大道”，建亦谓胜“为学疏略，难于应敌”，由是《尚书》有欧阳、大小夏侯之学。《汉志》所录《尚书》之《欧阳章句》、《大小夏侯章句》、《欧阳说义》、《大小夏侯解故》，就是他们这两派关于《尚书》的著作，并已亡佚。

《士礼》十七篇（即今存《仪礼》，详见第六章），为汉初鲁人高堂生（字伯）所传。而徐生善为颂，文帝时以颂为礼官大夫。“颂”，古“容”字，“礼容”谓行礼时之仪容。徐氏世世为礼官，但不能精通经义。瑕丘人萧奋亦以治《礼》，至淮阳太守。奋传东海人孟卿，孟卿传齐人后仓。仓说《礼》数万言，号曰《后氏曲台记》（曲台为当时讲习射礼之处）。仓授梁人戴德、戴圣及沛人庆普。普字孝公，为东平王太傅；德号“大戴”，官至信都太傅，辑有《大戴礼记》，今已残；圣号“小戴”，以博士，官至九江太守，辑有《小戴礼记》，今存十三经中。由是《礼》有大戴、小戴、庆氏之学。

《易》自鲁人商瞿受之孔子，六传而至田何。何字子庄，为战国齐田氏族。汉高祖徙六国豪家于关中，田何被徙至杜陵，号“杜田生”。又再传而至杨何，字叔元，淄川人，官至大中大夫。田何弟子丁宽，字子襄，梁人。学成，归，何谓其门人曰：“《易》已东矣。”景帝时，宽为梁孝王将军，故号“丁将军”。宽授同郡田王孙，曾为博士。田王孙之弟子，最著者三人，一为施雠，字长卿，沛人，宣帝时为博士。其弟子张禹，官至丞相，封安昌侯；禹弟子淮阳人彭宣，官至大司空。一为孟喜，亦字长卿，东海人，曾官曲台署长。喜尝诈言其师田王孙将死时，独以《易》阴阳灾变之书授之，以夸耀于众。同门梁丘贺曰："田生死时，仅施雠侍侧，喜方归东海，安得有此事？"喜终以改师法，不得为博士。而其弟子东海人白光、沛人翟牧，并为博士。一为梁丘贺，字长翁，琅琊人，宣帝时官至大中大夫、给事中。贺再传弟子中有平陵人士孙张、沛人邓彭祖、齐人衡成，皆以《易》著。由是《易》有施、孟、梁丘之学，施家有张、彭之学，孟家有翟、白之学，梁丘家有士孙、邓、衡之学。又有梁人焦赣，字延寿，治《易》，自谓得孟喜之传，而白光、翟牧皆不肯认为同门。焦氏之《易》传之顿丘人京房。房字君明，本姓李，推律自定为京氏，著有《京氏易传》。房治《易》喜言灾异，宣帝时得幸，官至魏太守，后为石显所谮，被诛。由是《易》有京氏之学。《汉志》著录诸家关于《易》之著作，今并亡，仅存《焦氏易林》。

董仲舒，广川人，治公羊《春秋》。史称其下帷讲诵，三年不窥园。仲舒，景帝时为博士，武帝时举贤良第一，尝为江都相、胶西相，所著《春秋繁露》犹存。胡毋生者，字子都，齐人，亦治公羊《春秋》，仲舒尝称之。胡毋生，景帝时为博士，年老，归教于齐。传其学者，有鲁人眭孟为公羊大师。孟之弟子，最著者为东海人严彭祖，字公子；薛人颜安乐，字公孙。孟为之语曰："《春秋》之意，在二子矣。"彭祖，宣帝时为博士，官至太子太傅。或劝以少自曲抑，以得贵人之助，可至丞相。彭祖曰：“凡通经术，当修行先生之道，何委曲相从，苟求富贵？”安乐为眭孟姊子，家贫力学，后官齐郡太守丞，为仇家所杀。由是公羊《春秋》有严、颜之学。瑕丘江公受谷梁《春秋》于申公，武帝时与董仲舒齐名。上使与仲舒议《春秋》，仲舒善持论而江公呐于口，于是上尊公羊而谷梁寖微。其孙，宣帝时曾为博士。其后尹更始以治《谷梁》为议郎，宣帝甘露元年与诸儒评公羊、谷梁同异于殿中，太子太傅萧望之等皆右谷梁，谷梁之学始显。传谷梁者，有博士楚人申章昌（申章，复姓）、琅琊人房凤及胡常，由是谷梁《春秋》有尹、胡、申章、房氏之学。以上诸儒关于公羊、谷梁之著述，亦多亡佚。

西汉诸儒传经的情形，略如上述。所传之经都是今文，但并无“今文”的名称。这许多家数的今文经，西汉时皆先后立于学官。所谓立于学官者，就是特设博士以教授这一派的经学，和现代大学里特设某种课程教授某科某种学说，颇相仿佛。立于学官的经，以《诗》为最早，文帝时申培、韩婴已以《诗》为博士，景帝时辕固亦以《诗》为博士，齐、鲁、韩三家《诗》都已立于学官了。次之是《春秋》，景帝时，董仲舒、胡毋生皆以治公羊《春秋》为博士。武帝建元五年，五经博士乃普遍地设立。除三家《诗》外，《书》则欧阳，《礼》则后氏，《易》则京氏，《春秋》则公羊。其后，五经各以家法不同，分立博士。除《诗》已早分立三家外，《易》分施、孟、梁丘、京四家，《书》分欧阳、大夏侯、小夏侯三家，《礼》分大戴、小戴二家，《春秋》分严、颜二家，是为十四博士。一说，谷梁《春秋》在宣帝时立博士，京氏《易》则立于元帝时（见《汉书·儒林传》赞），十四博士中不当列入京氏、遗去谷梁。

按西汉传经之儒最重“师法”，师之所传，弟之所受，即一字亦不敢出入。师法之严既如此，则其分立博士之故，颇为难解。《诗》之分齐、鲁、韩三家，因此三人生非一地、学非一师，自有其不得不分之故。至于其余各经，如《易》之施、孟、梁丘同师田王孙，而其学皆出于杨何，则但须立杨氏《易》；《书》之二夏侯同原于张生，张生又与欧阳生同师伏胜，则但须立伏氏《书》；至于京房受《易》于焦氏，焦延寿自托于孟喜而孟氏弟子不肯承认，更无立博士的理由；《礼》则二戴同出后氏，但须立后氏《礼》；公羊《春秋》则严、颜同师眭孟，且同为公羊学，但须立公羊《春秋》。如同治一经之各家恪承师法，学说相同，则不必分；如其学不同，则已背其师说，更不应立了。因为西汉诸帝以立博士提创经学，诸儒均以立博士为荣，所以增立了这一家，那一家便以向隅而生怨望，以致纷纷增设如雨后春笋了。赵岐《孟子题辞》云：“孝文皇帝欲广游学之路，《论语》、《孝经》、《孟子》、《尔雅》皆置博士。”刘歆《移让太常博士书》亦有“孝文时，诸子传说立于学官”的话。似乎西汉立博士者，不仅五经。但《史记》、《汉书》均无此项记载，《史》、《汉》之《儒林传》皆云“文帝好刑名，博士具官”，既仅“具官”，何至增设？五经博士未备，何以旁及“诸子传说”？刘歆、赵岐的话，怕都未必可靠！

武帝既立五经博士，又为博士官置弟子五十人，复其身。“复其身”者，就是免其徭役。昭帝时增至百人，宣帝末又倍增之。元帝好儒，增至千人，郡国又置五经百石卒史。成帝时，弟子员增至三千人。平帝时，元士之子亦得受业如弟子，不限员额，岁课之，分甲、乙、丙三科，以为郎中、太子舍人、文学掌故。后世科举生员之制，实本于此。《汉书·儒林传》赞曰：“自武帝立五经博士，设弟子员，开科射策，劝以官禄，讫于元始（平帝年号）百有余年，传业者寖盛，枝叶繁滋，一经说至百余万言，大师众至千余人，盖禄利之路然也。”《史记·儒林传》亦云：“武安侯田蚡为丞相，绌黄老刑名百家之言，延文学儒者数百人，而公孙弘以《春秋》，白衣为天子三公，封以平津侯，天下之学士靡然向风矣。”可见西汉提倡经学，全以利禄为招。故方苞尝曰：“古未有以文学为官者，诱以利禄，儒之途通而其道亡！”诚为知言。元帝尤好儒生，韦贤、匡衡、贡禹等并以经学位至辅相，所以夏侯胜讲授时对诸生说：“士病不明经术，经术苟明，其取青紫如俯地芥耳。”（见《汉书》本传）汉丞相太尉皆金印紫绶，御史大夫银印紫绶，取青紫如拾芥，言取高官是很容易的。而韦贤时亦有“遗子黄金满籯，不如教子一经”之语（见《汉书》本传）。可见现在还传诵人口的“书中自有黄金屋，书中自有千钟粟”的思想，在西汉末已深入人心了。

汉儒有所谓“天人之学”，颇近阴阳家言，盖以天道牵合人事者，故《尚书》有“五行”之说（《洪范》九畴即有五行：“一曰水，二曰火，三曰木，四曰金，五曰土。水曰润下，火曰炎上，木曰曲直，金曰从革，土爰稼穑。润下作咸，炎上作苦，曲直作酸，从革作辛，稼穑作甘。”《尚书·甘誓》记夏后启征有扈氏，宣布他的罪状，第一件便是“威侮五行”。盖五行说夏代已盛行，我国之医学及道教都采用之），《齐诗》有“五际”之说（《诗》有五际，见《汉书·翼奉传》。应劭以为即君臣、父子、兄弟、夫妇、朋友五伦，孟康注引《齐诗内传》曰：“五际，卯、酉、午、戌、亥也。阴阳终始际会之岁，于此则有变改之政。”故皮锡瑞《诗经通论》谓此亦阴阳灾异之类），公羊《春秋》多言灾异（如董仲舒求雨求晴等说），《易》有象数占验，《礼》有明堂阴阳（《汉志》礼类有《明堂阴阳记》）。按孔子《春秋》亦书星变日食，原恐人主自谓至尊，无所忌惮，故借天道以示儆，使知所恐惧修省，这原是“神道设教”的意思。西汉诸帝崇经术、重儒臣，故遇日食、地震必下诏罪己，或责免三公，尚有君臣交儆的遗意。但后来则渐变为迷信之谈，以为儒者言灾异，实有征验。例如昌邑王贺在位时，夏侯胜以久阴不雨，有臣下谋上者，果应在霍光的废立；昭帝时，眭孟言有匹夫为天子者，果应在宣帝的起自民间；成帝时，夏贺良以为汉有再受命之祥，果应在光武的中兴。于是，经学遂与方士图谶预言之说相合（近人夏曾佑《中国古代史》有《儒家与方士之糅合》一章，可参看）。按《史记·赵世家》云："秦谶于是出。"图谶之说，战国时早已有之，《秦始皇本纪》所载"亡秦者胡"、"祖龙明年死"，《项羽本纪》所载"楚虽三户，亡秦必楚"等，都是谶语，不过到了汉末更加盛行，且和经学混合而已（如那时的经学大师刘歆因为"刘秀作天子"的谶语，便改名曰秀。由今日观之，实只觉其可笑）。而哀平之间兴起的纬书，实为经与谶之间的东西。六经和《孝经》各有纬书，如《易纬》有《乾坤凿度》、《乾凿度》，《稽览图》、《辨终备》、《通卦验》、《乾元序制记》、《是类谋》、《坤灵图》八篇，今存残本，皆由后人辑佚而成。余如《尚书纬》有《璇玑钤》、《考灵曜》、《刑德放》、《帝命验》、《运期授》、《帝验期》、《五行传》、《尚书中候》等，《诗纬》有《含神雾》、《汎历枢》、《推度灾》等，《礼纬》有《含文嘉》、《稽命征》、《斗威仪》等，《乐纬》有《动声仪》、《稽耀嘉》、《叶图徵》等，《春秋纬》有《文曜钩》、《运斗枢》、《感精符》、《演孔图》、《元命苞》等，《孝经纬》有《援神契》、《钩命诀》、《中契》、《左契》、《右契》等，均已亡佚。《古微书》及《玉函山房辑佚书》中虽尚有辑存的，也不过吉光片羽而已。纬书所说，颇多怪诞无稽之谈。如说孔子作《春秋》成，绛衣缥笔，告备于天，天降赤虹，化为黄玉，有"卯金刀，名禾子，天下服"等话，真是荒诞可笑。即如"君为臣纲，父为子纲，夫为妻纲"的三纲说，也出于《礼纬·含文嘉》，经无明文，因为马融、朱子注《论语》都曾引之，大家习见了，以为它是孔子伦理说，实亦不足依据。

汉儒还有一种“通经致用”之说，如以《禹贡》治河、以《洪范》察变、以《春秋》决狱、以三百五篇之《诗》当谏书之类。《诗》本多讽谕，其美刺朝政之作，容或可于讲说时乘机进谏，但如王式于昌邑王被废后所说“臣以三百五篇谏，故无谏书”，终似诿责卸罪的饰辞。董仲舒的以《春秋》决狱，实事不可详考，但孔子作《春秋》旨在褒贬当世君臣，恐不能援用之以当汉代的法律。黄河形势时有变迁，夏禹去西汉已远，岂能一成不变地采用作治水之法？何况《禹贡》中并没有详述他治河的法子。至于以《洪范》察变，更是汉儒喜言五行灾异的窠臼，不足以言经学了。

西汉诸儒承秦始皇焚禁之后，传授群经，加以整理，致力于章句训诂，使群经得复昌盛，其有功于经学诚不可没，且重在“微言大义”，颇能兼义理、训诂之长。虽司马谈已有“儒者博而寡要，劳而少功，其事难尽从”的批评，但比之后来“碎义逃难”的章句小儒，徒以繁博见长，使人丁年穷经，皓首不能终其业者，终觉稍胜一筹。而武帝以后迄于元成，为经学全盛时代，亦是很昭著的事实。且所传之经都是今文，虽说解各有派别，各守师法，而于本经则并无怀疑。后世所以称经学为“汉学”者，正因经学至西汉始能确立的缘故。我们要明白西汉传经诸儒的派别，可参阅《史记》、《汉书》的《儒林传》，本章所述不过其大概而已。

第十五章

经今古文的分合

第十五章
经今古文的分合

据上章所述，西汉诸儒传授之经，立于学官者皆今文本。及西汉末之哀、平之世，刘歆继其父向领校群书，乃在秘府中发现古文书写的经，于是名以前立于学官者为今文经，经有今文、古文之别，第二章里已说过了。现在再把五经古文的传授，撮记于下：

（一）《毛诗》《汉书·儒林传》云："毛公，赵人也，治《诗》，为河间献王博士。"毛公之后，由贯长卿、解延年、徐敖而至陈侠，为王莽时讲学大夫。《汉书·艺文志》六艺略序诗类云："又有毛公之学，自谓子夏所传，而河间献王好之，未得立。"据《经典释文序录》谓："徐整云：子夏授高行子，高行子授薛仓子，薛仓子授帛妙子，帛妙子授河间人大毛公，毛公为《诗故训传》于家，以授赵人小毛公，（自注云：'一云名苌。'）小毛公为河间献王博士，以不在汉朝，故不列于学。一云：子夏传曾申，申传魏人李克，克传鲁人孟仲子，孟仲子传根牟子，根牟子传赵人孙卿子，孙卿子传鲁人大毛公。"按《汉书》仅云毛公，郑玄《诗谱》始云"鲁人大毛公为《故训传》于其家，河间献王得而献之，以小毛公为博士"，于是毛公有二人了。陆玑《毛诗草木虫鱼鸟兽疏》始云：“荀卿授鲁国毛亨，毛亨作《故训传》以授赵国毛苌，时人谓亨‘大毛公’、苌‘小毛公’。”于是大小毛公的名字方为人所知了。《毛诗》传授之人，虽叙述得明明白白，但二说又各不同，且最重的毛公初仅一人，后忽有二，其名亦最后方出现。

（二）古文《尚书》《汉志》云：“古文《尚书》者，出孔子壁中。武帝末，鲁共王坏孔子宅，欲以广其宫，而得古文《尚书》。……孔安国者，孔子后也，悉得其书，以考二十九篇，得多十六篇。安国献之，遭巫蛊事，未立于学官。”《释文叙录》云：“古文《尚书》者，孔惠之所藏也。鲁恭王坏孔子旧宅，于壁中得之，……皆科斗文字。博士孔安国以校伏生所诵，为隶古写之，增多伏生二十五篇，又伏生误合五篇，凡五十九篇，为四十六卷。安国又受诏为《古文尚书传》。值武帝末，巫蛊事起，经籍道息，不获奏上，藏之私家。”又述其传授，谓安国授都尉朝，朝授庸生，庸生授胡常，常授徐敖，敖授王璜、涂恽，王莽时皆立于学，致贵显。按鲁恭王名余，景帝子，以景帝前三年徙王鲁，二十六年而卒，则其得书当在武帝十年以前，而《汉志》云“武帝末”；且巫蛊事在武帝末（征和元年），苟恭王于武帝初得书而孔安国献之，何至因巫蛊事而不得立？且《史记·五宗世家》中记恭王事，又何以不载此事呢？至于孔安国为古文《尚书》作传，则《史》、《汉》之《儒林传》均未提及。

（三）逸《礼》与《周礼》《汉志》云："《礼》古经者，出于鲁淹中及孔氏，与十七篇文相似，多三十九篇。"刘歆《移让太常博士书》云："鲁恭王得古文于坏壁，逸《礼》有三十九篇。"《释文序录》云："景帝时，河间献王好古，得古《礼》献之。（自注云："河间献王古文《礼》五十六篇，……《周礼》六篇，其十七篇与高堂生所传同而字多异。"）或曰河间献王开献书之路。时有李氏上《周官》五篇，失事官一篇（按即冬官），乃购以千金不得，取《考工记》以补之。……其古《礼经》五十六篇，……所余三十九篇以付书馆，名曰'逸《礼》'。……王莽时，刘歆为国师，始建立《周官》经，以为《周礼》。"而于所谓逸《礼》及《周官》经在西汉时之传授，则未详述。按贾公彦叙《周礼》兴废，引马融传云："至孝成皇帝，达才通人刘向子歆校理秘书，始得序著于《录》、《略》。"则《周礼》之发现，始于刘歆，是很明白的事实了。《周礼》在王莽时立于学官。按《史记》不载二王得古文《礼》及《周礼》之事，二经之传授又不见于载籍，较《毛诗》、古文《尚书》，更无从考证。

（四）古文《易》 有二种，一为费直所传，现存十三经中；一为高相所传，已亡。《汉书·儒林传》云："费直，字长翁，东莱人也，治《易》，……长于卦筮，无章句，徒以《彖》、《象》、《系辞》十篇文言解说上下经（'文言'二字似当在'十篇'二字上，否则只是文说之意，非指乾坤《文言》），琅琊王璜能传之。”“高相，沛人也，与费公同时。其学亦无章句，专说阴阳灾异，自言出于丁将军。传至相，相授子康，……为王莽所诛。……高、费皆未尝立于学官。”按费、高二家之《易》传自何人，终无可考。

（五）《春秋左传》《汉书·儒林传》云：“汉兴，北平侯张苍及梁太傅贾谊、京兆尹张敞、大中大夫刘公子，皆修《春秋左氏传》。”《释文叙录》述《左传》传授，则谓左丘明作传以授曾申，递传吴起及其子期，以迄铎椒、虞卿、荀卿而至张苍、贾谊及其孙嘉，嘉授贯公，为河间献王博士，贯公子长卿传张敞、张禹，禹传尹更始及其子成与翟方进、胡常，常授贾护。又谓刘歆从尹成及翟方进受左氏，“由是言左氏者本之贾护、刘歆”云。平帝时，始得立于学官。按《左传》是否为《春秋》经之传，抑为刘歆从《国语》中抽出以附《春秋》经者，至今尚为疑问，此在第十章中已详述之。而张苍、贾谊之传左氏，《史记》本传中亦未提及。

据《汉志》所记，鲁恭王得于孔宅壁中的古文经，《尚书》、逸《礼》之外，尚有《论语》、《孝经》。《释文叙录》言古文《论语》、《孝经》，孔安国均曾为之作传。至于《春秋谷梁传》，向来大家认为是今文的，近人崔适的《春秋复始》也说它是古文。

第二章里曾说到过，六经次序，今文家和古文家的排列不同，前者认孔子为教育家，六经为孔子作以教人者，故以程度浅深为序，而列成《诗》、《书》、《礼》、《乐》、《易》、《春秋》；后者认孔子为史学家，六经为周公旧典，为原有古代的史料，故以时代古今为序而列成《易》、《书》、《诗》、《礼》、《乐》、《春秋》。我们试一检阅《汉书》的《艺文志》和《儒林传》所列的六经次序，完全和古文家所排的相同。那么，今文家所排列的次序见于什么书呢？大概西汉末世古文经未发现以前的诸书，说到六经，其次序都与今文家所排列的相同。例如：

《荀子·儒效》篇云："《诗》言是其志也，《书》言是其事也，《礼》言是其行也，《乐》言是其和也，《春秋》言是其微也。"（按此条缺《易》。）

董仲舒《春秋繁露·玉杯》篇云："《诗》、《书》序其志，《礼》、《乐》纯其美，《易》、《春秋》明其知。"

《史记·儒林列传》叙西汉传经之儒，亦以《诗》、《书》、《礼》、《易》、《春秋》为次序，与《汉书》异。余如《庄子·天下》篇及《天运》篇、《礼记·经解》所说，已见本书第一章者，亦与今文派所列次序大体相同。

除六经次序之外，今古文两派的经学不同之点极多，择要言之，则今文家崇奉孔子，尊孔子为受命之"素王"（犹今言"无冕帝王"），视孔子为哲学家、教育家、政治家，孔子之作六经，旨在"托古改制"，为后世立法；古文家崇奉周公，奉孔子为先师，视孔子为史学家，以为孔子自言“述而不作，信而好古”（见《论语·述而》篇），其于六经，不过就古代原有的官书史料加以整理而已。今文经西汉皆立于学官，故传授皆可考；古文经西汉末方发现，西汉末世前皆未立于学官，故传授多不可考。今文家以《春秋公羊传》为最主要的书，他们信纬书，以为微言大义间有存者；古文家以《周礼》为最主要的书，他们斥纬书为诬妄，所重在章句训诂。今文家斥古文经传为刘歆所伪造，全不可信；古文家斥今文经传为秦火之余，残缺不全。这两派既成对峙之局，于是从西汉末年至东汉中世，遂常起纷争。这种争论，在史书上有明白记载的约有四次，现在先列一简表如下：

次数	时期	人物		争论经籍
		（今文派）	（古文派）	
第一次	西汉哀帝建平、元寿间	太常博士孔光 龚胜 师丹	刘歆	古文《尚书》逸《礼》左氏《春秋》《毛诗》（皆古文）
第二次	东汉光武建武间	范升	韩歆 许淑 陈元 李封	费氏《易》左氏《春秋》（皆古文）
第三次	东汉章帝建初初年	李育	贾逵	左氏《春秋》（古）《春秋公羊传》（今）
第四次	东汉桓帝灵帝时	何休 羊弼	郑玄	左氏《春秋》（古）《春秋公羊传》（今）

总之，与古文经关系最密切的，是西汉末的刘歆。歆，西汉宗室，刘向子，字子骏；后又改名秀，字颖叔。哀帝初，继

其父领校秘书。尝集所校之书录为《七略》，分书籍为六类，为我国目录学之始。王莽篡位，以歆为国师，后仍为莽所杀。当歆领校群书时，在中秘书中发现了许多古文经传，及官侍中大中大夫，得亲近，乃欲立左氏《春秋》、《毛诗》、逸《礼》、古文《尚书》于学官。哀帝令歆与五经博士讲论其义，诸博士或不肯置对。歆乃数见丞相孔光，为言左氏以求助，光卒不肯，歆因移书太常博士责让之。歆之意，以为今文经传是秦火烬余，残缺讹脱（如今文《尚书》仅二十九篇，古文《尚书》多十六篇；今文《士礼》仅十七篇，古文逸《礼》多三十九篇；以古文《易》校施、孟、梁丘的今文《易》，或脱去"无咎"、"悔亡"；以古文《尚书》校欧阳、大小夏侯的今文《尚书》，《酒诰》脱简一，《召诰》脱简二），且有口耳相传，至后世始笔录成书的，不如当时就写录成书的之信而有征（如《公羊传》是口授数世，至汉初始由公羊寿、胡毋子都写录成书，不如左丘明亲见圣人，当时写成的《左传》可靠），而且古文经传皆"先帝所亲论，今上所考视，古文旧书皆有征验，外内相应"的。这封信，见于《汉书·楚元王传》末所附《刘歆传》中。当时博士们的意见如何，虽无从考见，但歆书中言"以《尚书》为不备，谓左氏为不传《春秋》"，则博士们卫护今文、攻击古文之力，已可想见。这封信发表后，诸儒皆怨恨，名儒光禄大夫龚胜甚至愤而上书辞职，大司空师丹也怒而奏歆改乱旧章，非毁先帝所立，歆于是自求外放，出为河内太守，而古文经传终不得立于学官。直到他佐王莽篡汉之后，封爵嘉信公，任为国师，故左将军公孙禄还说他“颠倒五经，毁师法，令学士疑惑”，宜诛之以慰天下，可见当时古文派对于刘歆的厌恶了！这是第一次争执。

东汉光武建武时，尚书令韩歆上疏，请立费氏《易》、左氏《春秋》博士，诏下其议。四年正月，集公卿大夫、博士于云台，帝令博士范升评说。范升对曰：“左氏不祖于孔子，而出于左丘明，师徒相传，又无其人，且非先帝所存，无因得立。”遂与韩歆及太中大夫许淑等互相辩难，至日中乃罢。升退而奏曰：“……近有司请置京氏《易》博士，群下执事莫能据正。京氏既立，费氏怨望，左氏《春秋》复以比类，亦希置立。京、费已行，次复高氏，《春秋》之家又有驺、夹。如今左氏、费氏得置博士，高氏、驺、夹，五经奇异，并复求立，各有所执，乖戾分争。从之则失道，不从则失人。……今费、左二学无有本师而多反异，……谨奏左氏之失凡四十事。”诏以下博士。陈元闻之，乃诣阙上疏以争之。书奏，下其议。范升复与元相辩难至十余次，帝卒立左氏学。太常选博士四人，元为第一。帝以元新忿争，乃用其次，以司隶从事李封为博士。诸儒论议喧哗，自公卿以下数廷争之。会封病卒，左氏复废。这是第二次的争执。

从此以后，信仰古文学的人渐渐多起来了，操有政治权威的帝王也渐渐倾向古文派了。章帝建初元年，诏贾逵入讲经。

帝善其说，使出《左氏传》大义长于《公羊》、《谷梁》二传者，逵于是具条奏之。逵又数为帝言今古文《尚书》同异，集为三卷。帝善之，复令撰齐、鲁、韩《诗》与毛氏同异，并作《周官解故》。同时今文家李育习公羊《春秋》，颇涉猎古学，尝读《左氏传》，虽乐其文采，然谓不得圣人深意，且多引图谶，不合理义，于是作《难左氏义》四十一事。建初四年，诏诸儒讲论五经于白虎观。育以公羊义难贾逵，往返皆有理证。这是第三次的争执。

第四次的争执，就是桓、灵之间的公羊大师何休，与其师博士羊弼，追述李育之意，作《公羊解诂》，复作《公羊墨守》、《左氏膏肓》、《谷梁废疾》，以伸公羊而绌二传。郑玄乃作《发墨守》、《针膏肓》、《起废疾》以难之。这较前三次，已是零碎而不热烈了。

今古文的争论，事实上或不仅这四次，但经过多次争执以后，古文经学乃渐盛于东汉。我们寻绎《后汉书》，可发现许多古文经学家，如郑众、杜林、桓谭、贾逵、马融等，而今文经学家如李育、何休，终寥寥可数。可见东汉是经古文学的全盛时代。西汉宣帝尝博征群儒，论定五经于石渠阁，而《石渠议奏》今已亡失，仅略见于唐杜佑《通典》中。东汉章帝亦尝大会诸儒于白虎观，考论同异，命史臣集为《白虎通义》，犹存四卷。参加此次集会的大儒，如杜育、杨终、鲁恭、魏应，皆信今文学，故《白虎通义》中采古文说尚甚少，西汉今文之学十四博士所传，赖此一书尚可窥见大略。

东汉经学异于西汉者，不仅今古文盛衰的一端。西汉经师多专一经，罕能兼通。禁焚之令初除，经籍初出时，甚且或为雅，或为颂，集数人之力以通一经（见刘歆《移让太常博士书》），如申培之兼通《诗》与《春秋》，韩婴之兼通《诗》、《易》，孟卿之兼通《礼》与《春秋》，已是难得，如夏侯始昌的兼通五经，竟是绝无仅有了。东汉，则尹敏习欧阳《尚书》，兼善《毛诗》、《谷梁》、《左氏》；景鸾则兼通《齐诗》、施氏《易》及河洛图纬，又撰《礼内外说》；余如何休精研六经，许慎五经无双，蔡元学通五经，至于郑玄乃遍通群经。此相异者一。西汉经师笃守遗经，略备章句，罕有撰述，《汉志》所载，惟《灾异孟氏京房》六十六篇为最多。东汉，则周防撰《尚书杂记》三十二篇，四十万言；景鸾所作，《易说》、《诗解》、《礼略》、《月令章句》凡五十余万言；马融作《三传同异说》，注《孝经》、《论语》、《诗》、《易》、三《礼》；至于郑玄，乃遍注群经。西汉经师，如申培《诗训》，疑者弗传；丁将军《易说》，但举大谊。东汉则一经之说，至百余万言，桓谭《新论》云："秦近君说《尧典》篇目二字至十余万言，但说'曰若稽古'四字，三万言。"按《后汉书》，秦恭字延君，其学出小夏侯，增师说至百万言。延君即近君，其学出于夏侯建，大夏侯胜已讥其破碎了。因为西汉经师文尚简朴，其研究群经注重大义，东汉经师文多泛滥，其研究群经注重训诂。此相异者二。西汉经师，弟子多至千余人者，已为极盛。东汉，则张兴弟子著录者且万人，牟长弟子先后万人，蔡元万二千人，楼望九千余人，宋登数千人，姜肱、曹曾各三千人。一师能教弟子千万人者，必由高足弟子转相传授，故郑玄在马融门下竟至三年不得见了。此相异者三。西汉经师笃守师法，其后师法之下又各分家数，乃有所谓“家法”。如今文《易》有施、孟、梁丘三家，这是“师法”；施家有张、彭之学，孟家有翟、白之学，梁丘家有士孙、邓、衡之学（均见前章），那就是“家法”了。严格地说，则施、孟、梁丘三家都传自田王孙，同出一师，以师法言，已不必分为三家了。《后汉书·儒林传》云：“立五经博士，各以家法教授。”《宦者传》云：“……乃选通儒谒者刘珍及博士良史诣东观，各校雠家法。”《左雄传》云：“雄上言，郡国所举孝廉，请皆诣公府诸生试家法。”可见东汉经学所重者在家法，此正范晔所云“经有数家，家有数说，学徒劳而少功，后生疑而莫正”了。此相异者四。

经今古文两派的分争，从西汉末到东汉末，既然如此热烈，为什么后来又渐渐地消声匿迹，并今古文的经传也混合了呢？因为东汉末出了一位混合今古的经学大师郑玄。玄字康成，高密人，既通五经，又西入关师马融。及党锢祸作，被禁十四年，潜心经学，成书甚多。北海相孔融甚敬之，为立一乡曰郑公乡、门曰通德门。弟子甚众，尝辑其答问之语曰《郑志》。当今古文对峙的时代，今文家斥古文家为“颠倒五经，变乱师法”，古文家斥今文家为“专己守残，党同妒真”，各守门户，两不相下。所以杜林、郑众、贾逵、马融注《左传》、《周礼》，不采今文说；何休注《公羊传》，不采古文说；许慎作《五经异义》，也分别今文说、古文说。及郑玄出，从师不拘家法，学通今古。据《后汉书》本传说，他曾师事京兆第五元先，通京氏《易》(今)、公羊《春秋》(今）等，又从东郑张恭祖受《周官》(古)、《礼记》(今)、左氏《春秋》(古)、《韩诗》(今)、古文《尚书》。后以山东无足问者，又西入关，师事扶风马融，当时的古文大师。玄既学无常师，博通今古，见当时今古文两派攻难不休，乃欲参合其学，自成一家之言，于是遍注群经。据本传所载，《周易》、《尚书》、《毛诗》、《仪礼》、《礼记》、《论语》、《孝经》等都有注解，而其内容则都兼采今古文之说。如笺《诗》虽以毛传为主，而又时违毛义，兼采三家；注《尚书》虽用古文，而又和马融不同，或从今文说；注《仪礼》，从今文说则注内叠出古文，从古文则注内叠出今文。于是郑注行而齐、鲁、韩三家《诗》，欧阳、大小夏侯《尚书》，大小戴《礼》都废了。《易》与《论语》等，也是如此。那时的学者，正苦家法的繁杂，又见他闳大渊博，无所不包，于是翕然归之。故今古文的派别，至郑玄而始混合。

郑玄已是东汉末人，那时反对郑玄的，又出一王肃。肃字子雍，已是三国初魏的东海人了，官至中领军、散骑常侍。尝注《尚书》、《诗》、三《礼》、《左传》、《论语》，并撰定其父朗的《易传》。王肃的反对郑玄，并不攻击他混合今古文的一点，因为他自己也是混合今古文的。王肃的父亲王朗师事杨赐，杨氏世世传今文欧阳《尚书》。肃受其父学，当然是通今文学的了，但又好贾逵、马融的古文学。他的反对郑玄，无非想借此在学术界中一露头角，所以或用今文说驳郑玄的古文说，或用古文说驳郑玄的今文说。其混合今古文，仍和郑玄是半斤八两。而且伪造孔安国的《尚书传》(即今伪古文《尚书》之孔安国传)、《论语注》、《孝经注》，又伪造《孔子家语》及《孔丛子》以为其《圣证论》的根据。当时郑学之徒，已说《孔子家语》为王肃所增加、王肃所伪造了，到了清朝，经过许多学者考证，《孔子家语》与《孔丛子》已确知为王肃所伪托，伪古文《尚书》的伪孔安国传之出于王肃亦已证明。且孔安国早卒，《史记》、《汉书》皆不云有所著述，《论语》、《孝经》二书之注亦不见于《汉志》。王肃伪造孔氏子孙的著述，作他自己攻击郑玄的专著《圣证论》的根据，不但不是学者应有的态度，其手段真可说卑劣极了！王肃的女儿嫁给司马昭，西晋开国的武帝司马炎是他的外孙，于是他的《尚书》、《诗》、三《礼》、《论语》、《左氏解》和他父亲王朗的《易传》，得借帝王的势力立于学官，使郑学受一大打击。然而今古文的师法分别更无人过问，当时儒者所知道的经学上的争论，也只同是混合今古的郑玄、王肃二派了！

总之，经籍经秦焚禁而复出于西汉之初，西汉经师口授笔录，章句训诂，整理群经，笃守家法，而经学始成立。武帝置五经博士之后，继以元、成二帝之好儒，于是十四博士立于学官，经学乃入于全盛时代。西汉之末出一刘歆，凭借王莽的政治势力提倡所谓古文经，遂启今古文的分争。东汉以后相仍未息，但古文经终渐渐盛行于东汉。今古文之分至郑玄而始混合，而三国时复出一王肃，以反对郑玄之故，不惜伪造古书以为根据，又借他外孙司马炎的政治势力以压倒郑玄。如其今文家之古文经出于刘歆伪造的话是可信的，则两汉末年各出一伪造古书的学者以紊乱经学，倒是前后遥相对映的！

第十六章

经学的衰落（一）

第十六章
经学的衰落（一）

经学盛于西汉，至西汉末古文经出而经学始分化，经古文学盛于东汉，至东汉末今古文混合而经学始衰落。东汉末世，桓、灵之间，党锢祸起，学者多被株连，继以黄巾之扰、三国之争、五胡之乱，兵祸连绵，社会羹沸，经学遂益衰落。这又是学术本身以外政治环境的影响。《三国志》裴松之注引鱼豢《魏略序》云："正始中，有诏议圜丘，普延学士。是时郎官及司徒领吏二万余人，而应诏与议者略无几人。又是时朝堂公卿以下四百余人，其能操笔者未有十人，多皆饱食相从而退。"可见那时经学的衰落情形了。

郑玄、王肃虽分立门户，各不相下，而其混合今古文则同。西晋虽崇王学，而王、郑仍成分争之局，申王驳郑的如孔晁、孙毓等，主郑驳王的如孙炎、马昭等。所以魏晋以后经学的分争，只有郑、王两派之争，不复有今古文之争了。加以那时今文经逐渐亡失，如《齐诗》，魏时已亡；永嘉之乱，梁丘、施氏、高氏《易》，欧阳、大小夏侯《尚书》，均亡；《鲁诗》亦不过江东；《韩诗》虽存，无传之者；孟、京房、费氏《易》，亦无传人；公羊，虽存若亡。东晋元帝置诸博士，《周易》用王弼注，《尚书》用郑玄注，伪古文《尚书》用伪孔安国传，《毛诗》、《周礼》、《礼记》、《论语》、《孝经》皆用郑玄注，《春秋左传》用服虔、杜预注，无一为西汉十四博士所传者，而今文之师法遂绝。

现在《十三经注疏》里面的注，《毛诗》、《周礼》、《仪礼》、《礼记》（郑玄注）、《公羊传》（何休注）、《孟子》（赵岐注）皆汉人遗著，《孝经》则唐代作（唐玄宗注）。魏人所注的凡三部，《尚书》伪孔传，据清人丁晏《尚书余论》，为王肃伪造；《周易》，王弼注；《论语》，何晏集解。晋人所作的凡三部，《左传》，杜预集解；《谷梁传》，范宁集解；《尔雅》，郭璞注。王弼、何晏都喜谈玄理，与汉人朴实说经的学风大异，故宋赵师秀说："辅嗣《易》行无汉学。"何晏《集解》引孔安国《论语注》，据丁晏说，孔注亦是王肃伪作。杜预《春秋经传集解》多据前人说解而没其名，清焦循也斥杜预背父党篡之罪（预父恕仕魏，而预仕于晋），其注多替司马氏粉饰，为名教罪人（例如《释例》于"凡弑君称君，君无道也"一条，大加申述；于郑伯射王中肩一事，则曲为郑庄公解脱之类）。范宁《谷梁集解序》于三传皆加诋諆，与汉儒三传各守专门之学风大异其趋。至于郭璞《尔雅注》，清余萧客也说他没前人说解之名为"攘善无耻"，这样说起来，魏晋人的注经不及汉人多了。

五胡乱华，东晋偏安之后，政治上便成了南北对峙之局，经学也分为"南学"与"北学"二派。《北史·儒林传序》云：

“江左，《周易》则王辅嗣，《尚书》则孔安国，《左传》则杜元凯；河洛，《左传》则服子慎，《尚书》、《周易》则郑康成，《诗》则并主于毛公，《礼》则同遵于郑氏。”又云：“南人约简，得其英华；北人深芜，穷其枝叶。”按郑玄注《左传》未成，以授服虔，见《世说新语》，是服学本出于郑，而北学《易》、《书》、《诗》、《礼》、《左传》皆宗郑氏了，故时人为之语曰：“宁疑孔、孟误，不言郑、服非。当时风尚，即此已可想见。南学则宗郑玄者仅《礼》一经，故江南晋、宋间诸儒惟说《礼》以谨严详实称，杜佑《通典》中尚可考见大略。最著者为雷次宗，时有“雷郑”之称。其余，以义理论则多老庄玄言，以文笔论则多骈俪腴词，皇侃的《论语义疏》便是一个极好的例子（此书得自日本，清人江藩疑系足利赝本，但按其文章确是六朝人的手笔）。因为江左之士清谈玄理已成一时风尚，而齐梁以后，文学亦日趋骈俪，其影响自足及于经学。北方人的地方性本较南人朴实，又未染清言及骈文之风，故其经学亦与南方不同。

南朝帝王提倡经学的，当首推梁武帝。天监四年，诏立国学，开五馆，设五经博士各一人以主之；又诏立州郡学，选遣学生就学于会稽云门山之卢江何允，令太子及宗室王侯就学。但晚年信佛，又遭侯景之乱，故南学仍未大昌。北朝则魏孝文帝立太学，置五经博士，太学生员渐增至三千人；后又设国子学，立教授博士。北周亦征沈重于南荆，待熊安生以殊礼，提倡经学较梁武尤力。清焦循曾说:“正始以后，人尚清谈，迄晋南渡，经学盛于北方。大江以南，自宋及齐，遂不能为儒林立传。梁天监中渐尚儒风，于是《梁书》有《儒林传》,《陈书》嗣之，仍梁所遗也。魏儒学最隆，历北齐、周、隋，以至唐武德、贞观，流风不绝，故《魏书·儒林传》最盛。”南北朝经学盛衰，看了这一段话已可知其大概。那时候，南北经学风尚不同，北学宗郑玄、南学宗王肃，以经学的造就论，王不如郑;北俗质朴、南俗文华，以说经的体例论，华不如质，而且南朝诸儒无足以领袖群伦者。北朝经师当首推魏末的徐遵明。遵明字子判，华阴人。史称其幼孤好学，历更数师均未卒业，指其心曰:“吾今知其师所在矣。”遂苦读深思，不出院门六年，卒通群经，后为乱兵所害。遵明兼通《易》、《书》、三《礼》、《春秋》，得其传者甚众，如郭茂之于《易》、熊安生之于《礼》，其尤著者。故求经学巨儒于南北朝，当首推徐遵明（按《公羊传何氏解诂疏》,《唐志》不载，宋《崇文总目》始著录，云:“不著撰人名氏，或云徐彦。”清王鸣盛以为徐彦即徐遵明，以此书文笔论似六朝人，不似唐人。洪颐煊引疏“三府掾”一条，有云“若今三府掾”，谓三府掾六朝时有之，唐以后无此称云。姚范亦云:“隋唐间不闻有三府掾，亦无三府之称，意者在北齐萧梁之间乎？”则王鸣盛的话，似不为无见)。以后刘焯、刘炫虽亦负一时盛名，但择术终不如徐氏之正。

隋文帝统一南北，经学也随之而统一。但政治上的统一，是南并于北；经学上的统一，却是北入于南。本来南北朝时，青齐一带多讲王弼注的《易》、杜预注的《左传》，魏晋经师之书已渐渐自南方传于北方。后来费甝的《尚书（伪孔传）义疏》也传至北方，为刘士元、刘光伯所崇信，而那时一般搢绅先生以为他们“学通南北，博极古今”，奉为宗师。南方为北方所征服，何以经学反能使北方人折服呢？因为那时北方为异族所统治已久，南朝的衣冠礼乐、文采风流，素为北方人所艳羡（例如王褒入关，贵游都学他的书法；庾信归周，群公碑志多出其手，信有“惟韩陵一片石可与共语，余皆驴鸣犬吠”之言；高欢也尝说，“江南萧衍老公专事衣冠礼乐，中原士大夫望之，以为正朔所在”），而且北人笃守汉学，以朴实说经，如非专家，便觉无可悦目；南人善谈名理，饰以华词，表里可观，雅俗共赏。因此，虽亡国之余，亦足以转移一时风尚，使北人“尽弃其学而学焉”了。按《隋书·经籍志》所记，于《易》则云“梁、陈郑玄、王弼二注列于学官，齐代惟传郑义，至隋，王注盛行，郑学浸微”；于《书》则云“梁、陈所讲有郑、孔二家，齐代惟传郑义，至隋，孔、郑并行而郑氏甚微”；于《春秋》则云“初，《左氏》惟传服义，至隋，杜氏盛行，服义浸微”。可见政局统一，经学亦统一。经学统一之后，南学盛行，北学则从此绝了。

隋文帝初年，颇重儒学，史称那时“四海九州强学待问之士靡不毕集，齐、鲁、赵、魏学者尤多，负笈寻师不远千里，讲诵之声道路不绝，中州之盛，自汉魏以来一时而已”。但其暮年又不悦儒术，天下之学仅存国子一所，弟子才七十二人。炀帝即位，虽也曾复开庠序，国子、郡县之学盛于开皇，但终因外竞武功、内肆荒淫，致经籍复为煨烬，儒生转于沟壑。所谓“赵孟之所贵，赵孟能贱之”，学术仅赖帝王一时高兴的提倡，终究是靠不住的。

南北朝诸儒本有义疏之学，北方如刘献之的《三礼大义》，徐遵明的《春秋义章》，沈重（本南人，后归北）的《周礼》、《仪礼》、《礼记》、《毛诗》、《丧服经义》，熊安生的《周礼》、《礼记义疏》及《孝经义》等；南方如崔灵恩的《三礼义宗》、《左氏经传义》，沈文阿的《春秋》、《礼记》、《孝经》、《论语义疏》，皇侃的《论语义疏》、《礼记义疏》，王元规的《春秋》、《孝经义记》等，都见于《南史》及《北史》的《儒林传》。除皇侃《论语义疏》复得于日本，皇侃、熊安生二家的《礼记义疏》见采于《礼记疏》外，余都亡失。但南北朝的义疏之学，确是汉人注经、唐人疏注二者之间的桥梁，其承先启后之功决不可没。及唐太宗时，乃有诏定《五经正义》之举，追溯渊源，不能不说六朝诸儒的义疏早已开它的先河了。

唐太宗以儒学多门，章句繁杂，诏国子祭酒孔颖达与诸儒撰定五经疏，凡一百七十卷，名曰“五经正义”。颖达，字仲达，衡水人。隋末举明经，炀帝时与诸儒论议东都，年最少而为之冠。入唐，官至国子祭酒。颖达卒后，博士马嘉运驳其所定《正义》之失，有诏更定。永徽二年，又诏诸臣考证增损。四年，乃诏颁《五经正义》于天下，每年明经依此考试。其后自唐至宋，明经取士皆遵此本。当时与颖达同修正义者，《周易》则马嘉运、赵乾叶，《尚书》则王德韶、李子云，《毛诗》则王德韶、齐威，《春秋》则谷那律、杨士勋，《礼记》则朱子奢、李善信、贾公彦、柳士宣、范义頵、张权。以颖达年辈最先、名位最高，所以由他总揽其成，并标他一个人的姓名。实际上则颖达在太宗时年已老耄，未必能逐条亲加核阅了。

官修之书杂出众手，未能自成一家，往往不满人意。例如二十四史中，《史记》、《汉书》、《后汉书》、《三国志》四史特别为人所重视，便正因为它们是私人的著述。《晋书》是唐代官修之史，就大为刘知几《史通》所呵诋了。史书如此，经疏亦岂能独居例外？而且据《隋书·经籍志》所云，郑注《易》、《书》，服注《左传》，在隋已浸微，到唐初已都成绝学，故《易》采王弼之注、《书》用伪孔之传、《左传》主杜预之集解，虽诸儒因一时好尚弃彼取此，论者责其不分朱紫、不辨真伪，但也是势所必至，事有固然的。当时分经撰定《正义》，又必各有底本，故多沿袭前人（如《尚书·舜典》）疏中有“鞭刑，大隋造律方始废之”的话，《吕刑》疏中有“大隋开皇之初始除男子宫刑”的话。庸人著述而称“大隋”，明明是抄袭前朝人的话了）。其尤可笑者，则抄袭而又加以割裂颠倒，致首尾不能衔接，似有讹脱（例如《左传疏》袭刘炫规杜之文，刘本先申杜注而后加以规正，《左传正义》乃剪截而倒置之，先列刘说而后以刘氏申杜之文驳之，详见清刘文淇《左传旧疏考证》)。而且对于谶纬之说，《毛诗正义》、《礼记正义》则以为是，《尚书正义》则以为非，同属《五经正义》而自相矛盾。所以《五经正义》并不能算一部有价值的著作。朱子说五经疏以《周礼》最好，《诗》、《礼记》次之，《书》、《易》为下，批评颇为得当。

在《五经正义》之前，唐初还有总揽群经的两部大书，一部是陆德明的《经典释文》。德明本名元朗，以字行，吴县人，唐高祖时官国子博士。其著此书，创始于陈后主元年，成书在未入隋之前，故书中引北音仅一两见。《序录》于王晓的《周礼音注》云："江南无此书，不详何人。"于《论语》云："北学有杜弼注，世颇行之。"而北方大儒如徐遵明者，始终未尝提及。陆本南人，南人不通北学，是当然的。所以他的《释文》，《易》主王弼、《书》主伪孔、《左传》主杜预，恰开唐人《五经正义》的先声。还有一部是颜师古的《五经定本》，《五经正义》常引之。师古字籀，万年人，官至秘书监、中书侍郎。其考定五经，亦是受诏为之。师古是颜之推的后人，之推以南人归北，故《颜氏家训》中凡提到江南、河北，多以江南为是。师古《定本》多从南学，疑即本于《家训》。例如《诗·大田》"兴云祁祁"，《诗正义》即引《定本》作"兴雨"，以或作"兴云"为误，正与《颜氏家训》相同（按古本作"兴云"，《汉无极山碑》可证，且作“雨”则与下句“雨我公田”之“雨”字重复。《家训》以班固《灵台》诗“祁祁甘雨”为据，其实班氏乃合“兴云祁祁，雨我公田”二句为一句，班氏所作《汉书·食货志》引《诗》正作“兴云祁祁”）。

唐朝私人著述的经解，如史徵的《周易口诀》、成伯玙的《毛诗指说》、韩李的《论语笔解》，都是寥寥短篇，无关宏旨。陆淳的《春秋纂例》、《微旨》、《辨疑》，颇有能发前人所未发的议论，如谓“左氏为六国时人，非《论语》之丘明，杂采诸书，多不可信。公、谷口授，子夏所传，后人据其大义散配经文，故多乖谬失其纲统”云云。但是《春秋》三传本各自成一家言，从未有合三传以成一书者，如以两汉专门师法衡之，未免失了经学的轨范。陆淳之说本之啖助、赵匡，已开宋人讲《春秋》的风气了。李鼎祚的《周易集解》多存古义，荀爽、虞翻等汉人《易》学的遗说，赖此尚存大略。总之，唐代是文学的黄金时代，对于文学的贡献，韩、柳古文而外，有骈文，有诗，有传奇小说，词亦起于中晚唐；至于经学，则除了官修的《五经正义》以外，却说不上什么成绩。

唐人有本不以经学名家而其论经之言有足取者，如宣宗大中时工部尚书陈商有《立春秋左传学议》，略谓：“孔子修经褒贬善恶，类例分明。左丘明为鲁史，载述时政，修其职官，本非扶助圣言，缘饰经旨，故举其《春秋》则明白而有识，合之《左氏》则丛杂而无征。杜元凯曾不思夫子所以为经，当与

《诗》、《书》、《周易》等列；丘明所以为史，当与司马迁、班固等列，参贯二义，乖刺不侔”云云。此议见于《说郛》中令狐澄的《大中遗事》，孙光宪的《北梦琐言》亦载之。他说《春秋》是经、《左传》是史，左氏非“扶助圣言，缘饰经旨”，也就是西汉博士所云“左氏不传《春秋》”、东汉博士范升所说“左氏不祖孔子”的意思。自东汉以后，公羊微，《左传》盛，杜氏集解出，人皆以《左传》为圣经，执杜解为传义，甚至于经传不合处，不云传误，反云经误；而刘知几《史通》更以史的眼光评论经传，《惑经》、《申左》，诋毁尤多。皆由不知《春秋》是经、《左传》是史，经重一字褒贬，史则据事直书，体例本不相同。而陈商独能有这种卓识，在唐代已是不可多得的了。

唐人说经之书传于今者甚少，按《唐书·艺文志》经部所著录的唐人的五经义说也有数十种，现存的不到十分之一。因为那时还没有刻本，仅赖传抄，所以一遇兵燹，便易荡为灰烬。加以宋末以至元明，科举取士专用宋儒之书，注疏且束之高阁，何况注疏以外的经说？即使不亡于兵火，也易因无人过问而散失。总之，唐人之书，如文集、说部传至今世者也并不多，不但经说而已；唐以前的书传至今世者也并不多，不但唐代的著述而已。刻板印书始于唐末、五代，后唐长兴三年始刻九经印板，经书之有木板印本实始于此。印刷术流行之后，书籍便渐多了，便更易流传了。宋以后的书所以传于今世者特多，便是因此。

说到刻板，便不得不追溯上去，谈一谈石经的源流。东汉灵帝熹平四年，诏诸儒正定五经，刊于石碑，立于太学门外，蔡邕自书丹，此为刻石经之始。可惜碑石已失，拓本亦散佚，仅于宋洪氏的《隶释》中存一千九百余字。宋蓬莱阁刻石又坏，今江西的南昌、浙江的绍兴两府学重刻的只有六百七十五字。但与今世所传的古文经，字多不同。考其所刻，有《鲁诗》、小夏侯《尚书》、《仪礼》、公羊《春秋》、鲁《论语》，而公羊《春秋》则有传无经，汉时立学官本便是如此。魏主曹芳正始中，乃又有“三体石经”之刻。曰“三体”者，因为是用古文、篆、隶三体字写的，为邯郸淳所书。洪氏录入《隶续》中（按《后汉书·儒林传》说东汉熹平所刻就是三体石经，《经典释文》及《资治通鉴》也如此说，误。见宋赵明诚《金石录》及近人章炳麟《三体石经考》）。此后，唐文宗开成二年又刻九经于石，称为“开成石经”。虽史讥其“名儒不窥”，但也足以证今本之讹脱（例如顾炎武以开成石经考监本《仪礼·士昏礼》中脱“婿授绥……”十四字），后来又经乾符（僖宗年号）修造，后梁补刊三经，北宋添注四经，故其中亦多误字。五代时蜀主孟昶命毋昭裔楷书《易》、《书》、《诗》、三《礼》、《春秋》三传、《论语》、《孟子》十一经刻石（《孟子》入经部始此，至南宋时朱子定四书，乃正式成为经书），是为蜀石经（自此以后，北宋太宗诏翻刻蜀十一经，是为北宋石经；南宋高宗御书五经刻于临安府学，是为南宋石经；清高宋乾隆间诏刻十三经于太学，嘉庆间又加以磨改，是为清石经）。刻板印刷，是由刻石经的方法进化来的。

唐代科举试士，有“帖经”之法。就其所习之经的注疏，掩其两端，中间惟开一行，裁纸为帖，考他们的记忆。后来应考的人们把难于记忆的经总括起来，编成歌诀，以助记忆，名曰“帖括”。这种考试法只能考试记忆，不能考试能否通经。但当时考试所重视的，本在诗赋及时务对策，并不重视帖经。对策能援用经义的，仅一刘蕡引《春秋》正始之义，发宦侍无君之隐，而竟至下第，则科举制度能真正选拔人才与否，已不言可知。若欲以帖经之法提倡经学，真无异于缘木求鱼了！

总之，从东汉末到五代是经学衰落时代。自郑玄、王肃混合今古文，而两汉经学之师法淆；自汉末、三国、西晋五胡之乱，西汉今文之书先后亡失，而今文之师法绝；自南北分立，经学亦北郑、南王分为两派，隋既统一，南学盛行，而郑玄之学亦微。唐代经学惟重疏注，《五经正义》集义疏之大成，惟以官修之书，纰谬颇多；私人说经，间有卓识，而著述之流传不多；国家取士，法取帖经，与经术之宏旨无涉。而五代纷乱之世，乃继石经而有木刻印刷之发明，此与我国文化之进展关系颇大，不但经学一端而已。就经学本身说，这一个时代，除南北学宗郑、宗王，分岐消长，及由义疏之学以成疏注的《正义》而外，殆无足称。其差强人意者，尚能守古义、承师传，不好新奇，不凭胸臆而已。此种学风至北宋初还存在。王旦作试官，以《论语》“当仁不让于师”句为题，贾边解“师”字为“众”，被旦所斥。所以王应麟《困学纪闻》说：“自汉儒至于庆历（宋仁宗年号）间，谈经者守训诂而不凿。”可见北宋初年学风未变，至北宋中世乃起一极大变化，故经学当自东汉末至北宋初划为一时代。

第十七章

经学的衰落（二）

第十七章

经学的衰落（二）

我国自西汉以后，儒术定于一尊，孔子之经遂为学者所共尊的宝典。但两汉的经学重在研究书本的章句训诂，宋明的理学重在体验个人的心性理气，虽皆以孔经为根据，而其根本的态度有客观、主观之异。经学重客观、理学重主观，诚然不错，但宋代庆历以后之谈经学者亦复重在主观，于是汉唐以来的经学为之一变。司马光《论风俗劄子》有云："新进后生口传耳剽，读《易》未识卦爻，已谓十翼非孔子之言；读《礼》未知篇数，已谓《周官》为战国之书；读《诗》未尽《周南》、《召南》，已谓毛、郑为章句之学；读《春秋》未识十二公，已谓三传可束之高阁。"陆游亦谓唐及国初（指宋初）学者不敢议孔安国、郑康成，庆历诸儒乃排《系辞》（指欧阳修），毁《周礼》（指欧阳修、苏轼、苏辙），疑《孟子》（指李觏、司马光），讥《书》之《胤征》、《顾命》（指苏轼），黜《诗序》（指晁说之）。盖自刘敞的《七经小传》、王安石的《三经新义》出，而凭主观以说经之风乃大盛。程颐《易传》专明义理，苏轼《书传》横生议论，都是这一派的作风。其长在疑前人所不敢疑，有怀疑的精神；其短亦在言前人所不敢言，有臆造的流弊。

《易》传自田何，施、孟、梁丘为正传，焦、京为别传。其后虞翻注《易》引《参同契》，且言梦道士使吞三爻，已杂道士的术数；王弼注《易》喜谈玄理，则又近老、庄。宋初，道士陈抟作先天、后天图，托之伏羲、文王，三传而至邵雍，所以邵雍特精于术数。程子《易传》专明一“理”字，但不信邵雍之数，不杂老、庄之言，颇为纯正。朱子《易本义》乃取河图、洛书等九图冠于卷首，于是宋、元、明言《易》者开卷便说先天、后天，而《易》学为之一变。

《尚书》传自伏胜，欧阳生为其正传，大小夏侯已微异，古文说出乃大不同。《五经异议》所引古文《尚书》说，《五经正义》所引马、郑古文说，类多援《周礼》以解唐、虞之书。即使《周礼》为周公所手定，岂能强尧、舜下从成周之制？则古文说已不可信了。伪孔传出于王肃，更不足信。至宋，乃以个人的揣度悬断数千年以前的事实，如说文王不称王，戡黎者是武王，“王命周公后”是留后治洛之类。《诗》、《书》都说文王受命，伏传、《史记》皆说文王称王、文王戡黎；《史记》又言周公老死于丰，且“留后”始于唐置节度留后，古无此官，而蔡沈《书传》竟以己志改变事实。至吴棫、朱子之疑伪古文《尚书》，则又发前人所未发。朱子曾说：“某尝疑孔安国《书》是假，《书序》是魏晋间人作。《书》凡易读者皆古文，伏生所传皆难读，如何偏记其难者而易者全不能记？”然伪孔传古文《尚书》晋以后无疑之者，吴棫、朱子始对它发生怀疑。所以宋儒对于《尚书》，功罪也各不相掩。

《诗》有齐、鲁、韩三家，毛传后出独存，东汉以后皆宗之。欧阳修《诗本义》始辨毛、郑之失，苏辙《诗传》始谓毛《序》不可尽信，郑樵《诗传辨妄》始专攻毛传郑笺及《小序》，朱子乃将大、小《序》别为一论而辨之，名《诗序辨说》，其《集传》亦不主毛、郑，这都是很可贵的怀疑精神，而王柏作《诗疑》，乃用朱子之说以删《诗》。辨《大、小序》是对的，其目《郑风》、《卫风》为淫奔之诗，且为淫人自言之作，而据此以删三百五篇，则其武断或更甚于《诗序》了。东汉以后，说《诗》者都主毛、郑，至此又为之一变。

《春秋》之《公羊》、《谷梁》二传，东汉以后已成绝学，传习最盛者为"传事不传义"的《左传》。王安石讥《春秋》为"断烂朝报"而废之，其答韩求仁问《春秋》曰："此经比他经尤可疑，盖三传不足信也。"三传既皆不足信，则《春秋》真同"断烂朝报"了。《左传》家言"经承旧史，史承赴告"，而《春秋》所书又复简略，如三传都不可信，则义例不明、事实不详，非"断烂朝报"而何？宋人治《春秋》者，多沿唐啖助、赵匡、陆淳一派，不复专治一传。其中以胡安国之《春秋传》为最著，元、明至定为取士之本。胡氏《春秋传》大义本《孟子》，一字褒贬本《公》、《谷》，平心而论，原也未可厚非。但他锻炼太刻，揣摩太甚。如以"尊王攘夷"为《春秋》大义，固未可非，而攘夷之义终为尊王所掩，故袭宋太祖惩黄袍加身、释功臣兵权的故事，而过张其辞，致启高宗猜疑诸将之意。王夫之《宋论》谓岳飞之死，由于胡氏以《春秋传》奏御经筵，其说先中于庸主之心，也不能说是苛论。宋儒治《春秋》不信三传，自抒己见，而其流弊至影响于当时朝政大局，诚可痛心！这和从前的治《春秋》也大不相同了。

三《礼》之学，宋时讲习亦盛。王安石以《周礼》取士，而其《周礼新义》乃无甚可观。卫湜的《礼记集说》凡一百六十卷，采摭之宏，可比李鼎祚的《周易集解》。陈祥道的《礼书》一百五十卷，贯通经传，亦可称为宏博。朱子作《仪礼经传通解》，仅成家乡、邦国、王朝礼，丧、祭二礼未成而卒，由黄榦续成。此书以《仪礼》为主，取大、小戴《礼记》及他书传中之关于礼者附之，为清代秦蕙田《五礼通考》、江永《礼书纲目》所从出。古礼诚多不能复行于后世的，但能否行于后世是一事，古代有无此种礼制又是一事。强今世以行古礼则迂，因今世已不可行而臆断古代之必无此制则妄。宋人治《礼》，不信去古犹近的汉儒之说，而喜以己之意见、今之制度臆改古礼，则悖于治经说《礼》的正规。

宋人治经，还有一种不好的不合于治学态度的习气，就是任意删改经传，郑玄笺《毛诗》亦间改经文，但多本之鲁、韩之说。其注《礼》，于《仪礼》之《丧服传》、《礼记》之《乐记》，虽明知为简策之错乱，亦但存其说于注中而不改经文。至宋则风气大变。朱子既取《礼记》之《大学》定为四书之一，又以己意分为经一章，以为是孔子之意而曾子述之，传十章，以为是曾子之意而门人记之；且移易先后，为之补“物格而后知至”的传文一章。其于《孝经》，也分之为经、传，且删去经文。按，移《大学》文字已先有二程子，删《孝经》则谓本之胡侍郎与汪端明，可见此为宋人以主观治经的习气了。王柏作《书疑》，增删《尚书》；作《诗疑》，删《郑风》、《卫风》，雅、颂亦任意改易。俞廷椿的《复古论》，割裂《周礼》五官以补冬官。吴澄撰《礼记纂言》，将四十九篇《小戴礼记》颠倒割裂。这些都不是学者应有的态度，徒然使经传失其真相而已。总而言之，是主观太强的缘故。

前一章刚说过，唐代试士有帖经之法，仅重记忆，不能必其通经与否。宋仁宗始恢复明经科，神宗用王安石变新法，乃改帖经为“墨义”。唐代考试明经科，本有“墨义”、“口义”二法，墨义是笔试，口义是口试。宋朝的墨义，则由王安石定《三经新义》颁行天下，科场墨义必须遵用其义。《三经新义》，一是《周礼义》，安石自撰；二是《诗义》、三是《书义》，安石命吕惠卿、王雱等为之。当时苏轼已有“黄茅白苇”之讥，徐禧也说：“窃袭人语不求心通者相半。”因为这三种以功令规定颁行的经义，已都是架空的议论了。陈师道《后山丛谈》说安石《三经新义》既行，举子专诵王氏章句，不复求解经义。安石叹道：“本欲变学究为秀才，不意变秀才为学究！”可见立法的人到后来也在自悔了。南宋时攻击他的人也很多，赵鼎说：

“安石设虚无之学，败坏人才。”陈公辅说：“安石使学者习其所为《三经新义》，皆穿凿破碎，无用之空言也。”朱子也说：“经义甚害事，分明是侮圣人之言。”但南宋虽废去安石的《三经新义》而仍沿用其墨义之制，科场的经义既都是架空的文章，于是经说也多空衍义理、横肆议论之作。朱子答人问胡安国的《春秋传》说：“解经不使道理明白，其中却多使故事，大与做时文答策相似。”胡安国的《春秋传》，不是后世颁之学官用以取士的吗？尚且不免与时文答策相象，其他也可想而知了！《十三经注疏》中有四部是宋人作的，《论语》、《孝经》、《尔雅》三部是邢昺作的疏，《孟子》是孙奭作的疏，但是《孟子疏》并非真出孙奭。

两汉的经学，至郑玄而集大成；两宋的经学，至朱子而集大成。熹字元晦，一字仲晦，婺源人，侨寓建州。官终宝文阁待制。朱子为理学大师，而其治学则偏于“道问学”，尝遍注群经。南北朝时郑学统一北方，但南朝则伪孔、王、杜之学仍盛，不尽宗郑、服。金元以异族入据北方，南宋偏安，又成南北对抗之局。初时南方行程学、北方行苏学，北人虽知有朱夫子，未能全见其书。及元兵南下，得赵复，朱子之书始传于北方，姚枢、许衡、刘因等都崇奉之。元仁宗延祐间定科举之制，《易》用朱子的《易本义》，《诗》用朱子的《诗集传》，《书》用蔡沈的《书集传》，《春秋》用胡安国的《春秋传》，《礼记》则仍用郑玄注。蔡沈是朱子的弟子，所以元代科举功令所定，五经之中倒有三经出于朱子。从前隋朝南下并陈，统一中国，经学反而为南学所统一；这时元朝南下并宋，统一中国，经学也是为南宋的胡、朱所统一。似乎兵力则北强南弱，学力则南盛北衰，成了我国历史上的惯例。

就上所述过去的经学历史看，东汉不及西汉，魏晋南北朝不及东汉，唐又不及南北朝，宋又不及唐，两宋以后，元更不及宋、明更不及元，正所谓“每下愈况”了。元人仅读宋儒之书，于注疏亦所得甚浅，如熊朋来的《五经说》，于古义古音多所抵牾。元人说经之书本不多，传者更少，即所存者亦不足观。盖元以异族入据中国，年代又不长久，其武功虽伟大而文治终不足道，经学的衰落自是当然。明代以汉族复兴，享国也颇长久，而各种学术，除王守仁派之理学外，俱无足称。治经者株守元人之书，不但注疏素未留意，即宋儒之书亦少研究。如杨慎则作伪欺人，郝敬则凭臆妄说，最可笑者，丰坊伪造申培《诗说》、子贡《诗传》而竟无人能辨其伪。其庸中佼佼者，惟元赵汸的《春秋属词》，为清代公羊家孔广森之学的渊源；明梅鷟的《尚书考异》辨伪古文《尚书》，为清代阎若璩的先声。在元、明经学极衰的时代，真可说是凤毛麟角了！

明成祖永乐十二年，敕胡广等修《五经大全》，颁行天下。唐太宗诏孔颖达定《五经正义》，为第一部官修经义的巨著，越八百余年乃又有此大举。帝王提倡经学，可谓竭力。可是《五经大全》的价值，乃更出《五经正义》之下。据顾炎武说，《春秋大全》全袭元人汪克宽的《春秋胡传纂疏》，《诗经大全》全袭元人刘瑾的《诗传通释》。据纪昀《四库总目提要》，《周易大全》割裂董楷、董真卿、胡一桂、胡炳文四人的著作而成，《书传大全》也剿袭陈栎的《尚书集传纂疏》、陈师凯的《书蔡传旁通》，《礼记大全》所采诸家之说凡四十二种而以陈澔的《礼记集说》为主。则所谓《五经大全》者，都是抄袭而成，以上欺帝王、下诳学子。且元以宋儒之书取士，《礼记》一书还用郑注；明人修《五经大全》，乃以陈澔的《集说》代之。陈书空而陋，朱彝尊讥为兔园册子的，乃以之为官书的蓝本，其不能及唐代的《五经正义》实为理之当然。

顾炎武曾说："八股行而古学弃，《大全》出而经说亡。"《五经大全》之陋，上节已言之，八股则其害尤烈。唐之帖经、宋之墨义，已是陋劣的制度。至明以八股文取士，则诚如顾氏所云，"其害甚于焚书"了。八股亦称"八比"，这种文章有规定的格式：一曰"破题"，以二句道破全题的要义；二曰"承题"，伸明破题的意思；三曰"起讲"，亦名"原起"，为全篇开讲之处；四曰"提股"，亦称"提比"，起讲后引入正义；五曰"虚股"，亦称"虚比"，承提股之后，以后亦有不用者；六曰"中股"，亦称"中比"，为全篇之中坚；七曰"后股"，亦称"后比"，畅发中股未尽之意；八曰"大结"，为一篇之总结，以后亦多不用。我们试想，做文章规定呆板的格式，还会有生气吗？八股不但格式有规定，题目也以四书为范围，体裁也限定须代圣贤立言。例如题目是孔子的话，便须学孔子的口气；是孟子的话，便须学孟子的口气，所以孔、孟以后的史实是不许引用的。因此，八股文出身的人，竟有不知秦以后的历史的。又因为题目限于四书，于是到了清末石印术输入以后，便有利用它来印小册子以便试场携带的，如《小题文府》、《大题文府》之类，把四书中各章各句都当做题目，做成八股文，以便考生抄袭。而且从明到清，四书里的题目差不多都出过了，试官为避免发生流弊起见，于是有毫无道理的题目，有所谓“截题”（截某句的一部分为题，如《论语》首句“学而时习之，不亦说乎”，仅截取“学而”二字为题之类）、“搭题”、“截搭题”（取上下二句绝不相干者搭合为题，甚且各截半句搭合起来，如取《论语·季氏》篇末句的下半，与下《阳货》篇首句的上半为题，曰“君夫人阳货欲”之类）等。这类题目也得挖空心思地做成八股文，岂但难能而不可贵，简直是玩把戏而已。读书人因为想得功名做官，把一生的聪明、才力都耗费在这种把戏里，个人的天才被埋没了，国家的人才也被断送了！这种八股文是怎样来的呢？是起于宋的墨义。上文已说过，南宋时废了《三经新义》而仍沿用墨义，墨义也以经句为题，便渐渐地变成了四书文。梁杰《四书文源流考》云：“南宋杨诚斋、汪六安诸人为之椎轮，文文山居然具体。”及元仁宗定科举考试法，王充耘作《书义矜式》一书，而八股文之形式始略具。明初又更定体式，宪宗成化中更以功令规定字数，而八股文乃成为科场严格的文体。所以，八股取士名为“明经”，实为荒经。南宋至明，经学的日益衰落，此其主因之一。

汉人注经，唐人疏注，经学已是陈陈相因，不能辟出一条新路，易令学者厌倦了，而佛学自六朝隋唐以后渐盛于中国，其尤易使学人受影响的，则为达摩所创之禅宗。禅宗明心见性、不落言诠等说法，更易打动感到偏重客观、专重文字的注疏之学烦琐空疏之苦的学人们的心。而东汉末张道陵所创的道教，又与道家老庄玄言相淆杂，以成其所谓太极、先天诸说。于是到了北宋，儒家孔孟之道遂受佛、道二家之影响，孕育而成以心性为研究对象的理学。试看宋儒理学开祖的周敦颐之《太极图说》，及邵雍之以《易》理术数著名，便可了然。继周敦颐之后而与张载同时者，有程颢、程颐兄弟，理学更发挥光大了。南宋则朱子与陆九渊并峙，陆尊德性，朱道问学。朱教学生读书穷理，并曾遍注群经，故其学尚与经学相为表里。陆则主“先立乎其大者”，曾言“尧舜所读何书”、“六经注我，我不注六经”，且病朱之读书穷理为支离，其为学实欲脱离书本，直指心性。明代的陈献章、王守仁皆远绍陆氏之学者，献章曾曰：“‘终日乾乾’，只是收拾此理而已。此理干涉至大，无内外，无终始，无一处不到，无一息不通运。会此，则天地我立，万物我出，而宇宙在我矣。”此即陆氏“宇宙便是吾心，吾心即是宇宙”与“心即理”之旨。守仁则发挥陆氏“心即理”之说而辅以“知行合一”之教，且以《大学》之“致知”为“致良知”，“良知”者，吾心所固有，人人所同具，不待读书而后得之，故曰“人皆可以为尧舜”、“满街都是圣人”。此与朱子之释“格物致知”主读书穷理，以为道统之传在方册，经旨不明，道统乃晦者，实大相径庭。王学末流，至明末乃有李贽者，其思想已非孔孟所能范围，其行止已非礼教所能束缚，更何屑孜孜于经籍？那时王学已俨然成一种学阀，不学无术、纯盗虚声之徒利其不必费力于书本之研究，但拾人牙慧为口头禅即可鸣高，群相趋附，于是空疏诞妄、学行俱无足称者亦皆窃附于王学旗帜之下，而学风为之大坏。总之，汉、唐经学为客观的，宋、明理学为主观的。理学分朱与陆、王二派，朱子于主观中仍带有客观的色彩，陆、王则为纯主观的了。宋、明的学风，其重心在理学而不在经学，北宋之周、程分化而为南宋之朱、陆，由南宋之陆学进而为明之王学，其主观的色彩愈浓而愈纯，则其去经学也，自愈趋而愈远了。南宋至明，经学的日趋衰落，此其主因之二。

就经学的本身说，，经北宋庆历时的一变，已与汉、唐大异。汉、唐务实，宋儒架空；汉、唐重客观，宋儒重主观，其趋势亦正与上述二者相合。本喜架空，而墨义、八股文又从而提倡之；已重主观，而陆、王心学又从而熏育之。相激相荡，大势所趋，自非酿成明末空疏妄诞之颓风不止了。

佛说一切流转相有“生”、“住”、“异”、“灭”四相，梁启超谓学术思潮之兴衰恰亦具此四相，故可分为四期：一曰“启蒙期”，当佛说之“生相”；二曰“全盛期”，当佛说之“住相”；三曰“蜕分期”，当佛说之“异相”；四曰“衰落期”，当佛说之“灭相”。梁氏以此论清代之学术，其实，各时代之各种学术思潮皆可作如是观。我国经学，自孔子制定六经，孔门传经之儒传授六经，以及秦火之后、西汉之初诸老儒之传经，为经学之“启蒙期”。汉武以后迄元、成之间，今文之经传授不绝，十四博士立于学官，为经学之“全盛期”。西汉末刘歆发现古文经，于是经学分化为今文、古文二派，至东汉末而始合于郑玄，此为第一次；郑玄之后复有王肃，虽同为混合今古而故意与郑立异，至南北朝遂随政局之分裂而分裂，北郑、南王，学者各有所宗，至隋始随政局而统一，此为第二次，故自西汉末以迄于隋为经学之“蜕分期”。唐人虽承六朝义疏之学而有注疏，但其经学已远不如前，宋则变唐而不及唐，元则承宋而不及宋，降至明代《大全》之修，又袭元而并不及元了。经学至此衰落已极，故自唐至明为经学之“衰落期”。

经学固为我国特有的一种学术，但亦仅为我国学术中之一支。一时代有一时代之学术中心，两汉以经学为中心，虽文学方面亦有其特盛之赋与乐府诗，但就全体衡之，似终为经学的光芒所掩，故可谓为经学的时代。自三国、六朝至唐则文学居中心的地位，如诗之古近体、小说之传奇、文之骈文与古文、词之长短句，皆蓬勃萌芽于此一时期，而经学则已奄奄无生气了，故可谓为文学的时代。两宋则为理学的时代，此种新兴的学术实为两宋之中心，文学方面惟词为最盛，诗与文不过承唐之余风而已，经学则已渐趋没落，更无足论。至于元，则又转为文学的时代，曲与白话小说实成熟于元，而经学、理学则虽承宋而并不能及宋了。明代之经学更不及元，文学之诗文亦无足称，惟传奇与长篇小说略有可观者，其尚可于我国文化史上占一地位者，惟理学中之一派，所谓王学而已，故只能谓为王学的时代。——我们论各时代学术的盛衰，不当但以经学为标准，不当对于宋、元、明经学的衰落，甚而至于澌灭，抱过分的悲观。何况剥极而复，经学在明以后还有复兴的时代呢？

第十八章

经学的中兴

第十八章
经学的中兴

两汉为经学的黄金时代，自魏晋南北朝，历隋、唐、五代、宋、元以至明末，亘千五百余年，经学衰落俱如上述。直至清初，经学始呈复活之象，迄乾隆之世，乃为经学的中兴时代。经学之所以复盛于清代，其因素有二：

（一）学术方面的因素　王学至明代末年尚极盛，而其末流之弊乃成“狂禅”。一般学者大多“束书不观，游谈无垠”，以“多学而识”为“下学”而鄙视之，都欲冥索顿悟，“一以贯之”，自命“上达”，终至“空疏”、“妄诞”，学、行二者都无足称。有卓识的学者，乃起而力矫之。如顾炎武《与友人论学书》提出“博学于文”、“行己有耻”二要旨，至名其书曰《下学指南》；又唱“经学即理学”、“舍经学无理学”之说，正是对明末颓废的学风而发的。当时国人受了被异族征服的大刺激，对于王学的末流已生厌弃的心理，于是学风转了方向，由空而反于实，经学自然应运而兴了。

（二）政治方面的因素　明自宪宗成化以后，科举以八股文取士，束缚思想、消耗才力，莫此为甚。顾炎武已有“八股之害，甚于焚书”的话了。清以异族入主中国，仍采以八股文取士的科举制度。因为它是规定以四书为题，而且须代圣人立言的，所以孔孟以后的史事用入文中便算犯规，这正是清廷求之不得的愚民的妙策。这种八股文，自然是一般有识的学者所鄙弃的，他们的精力不肯消耗在八股文中，当然须另求发展。可是清廷以异族入主中国，猜忌最甚，所以清初的文字狱最多，罗织株连，为祸亦最惨。诗文、历史足以贾祸，经世之学足以招殃，惟埋头古书堆中研究经学，倒是韬晦苟全的一条路。而清代皇帝，如圣祖、高宗等，复因势利导，加以提倡。例如圣祖康熙时有御纂的《周易折中》，钦定的《书经传说汇纂》、《诗经传说汇纂》、《春秋传说汇纂》等书，高宗乾隆时又有御纂的《周易述义》、《诗义折中》、《春秋直解》，钦定的《周礼》、《仪礼》、《礼记》三种、《义疏》等，又诏刊十三经于太学。而当时大臣中，如秦蕙田、阮元、王引之等也多为经学大师，俨然为经学家的护法。经学的日趋兴盛，也有它政治上的因素的。

学术本身的关系，是经学中兴的“因”；政治的关系，是经学中兴的“缘”。章炳麟《检论》的《清儒》篇中有几句扼要的话，说明经学中兴的因缘，可谓简要明白：“清世理学之言，竭而无余华。多忌，故歌诗文史楛；愚民，故经世先王之志衰。家有知慧，大凑于说经，亦以纾死，而其术近工眇踔善矣。”我们看了这几句话，清代经学中兴的原因，已可了然。

清代的经学，当以顾炎武为开祖。炎武，字宁人，明末昆山诸生，以曾读书于亭林镇（在松江南，其地有小丘，为梁顾野王读书处，有亭、有林，因名)，学者称“亭林先生”。因其继母王夫人（炎武出嗣其叔同吉，王夫人为同吉妻，未婚守节）明亡时不食以殉，遗言“莫事二姓”，又尝与归庄等起义兵失败，故终身不复仕于清廷，奔走南北，卒于华阴。尝著《音学五书》以考古音，而《日知录》一书尤其毕生精力所注。阎若璩者，字百诗，号潜丘，太原人。康熙时，曾举博学鸿词，报罢。著有《四书释地》等书，而所著《古文尚书疏证》详列证据，断东晋梅赜所献之古文《尚书》孔安国传为伪书，唤起学者疑古求真的精神，于经学上之贡献尤为伟大。胡渭，字朏明，号东樵，德清人。所著《禹贡锥指》，为自来治《禹贡》者之冠；又著《易图明辨》，辨明河图、洛书及先天、太极诸说，一扫宋儒言《易》的架空之论。所以梁启超的《清代学术概论》以他们三人为清学启蒙时期的代表人物。

顾、阎、胡三人在清代经学荜路褴褛的时期，还是抱汉、宋兼采的态度。因为朱子虽然是理学大师，而其遍注群经，实近经生训诂之学。他常教人看注疏，不可轻议汉儒。又说：“汉魏诸儒正音读，通训诂，考制度，辨名物，其功博矣。”即从朱子之学者，如黄震、许谦、金履祥、王应麟等，亦皆学有根柢。所以清初诸儒所攻击的是王学，不是理学的全部，尤其不是朱学。当时务与朱子立异的学者，只有毛奇龄一人（奇龄，字大可，萧山人。朱子疑伪古文《尚书》，而毛以伪古文《尚书》为可信，著《古文尚书冤词》；朱子信《仪礼》，而毛以

《仪礼》为可疑。其实，毛氏之学常欲立异以名高，不仅对于朱子为然)。所以梁启超论清代学术，说清学“以复古为解放”，“第一步复宋之古，对于王学得解放”，可谓能总括清初学术界的情形。

那时候的学者，除顾炎武、阎若璩、胡渭为经学的“正统派”外，其余尚有数派：一、颜元、李琳等为一派，他们以为“学问不当求诸冥想，亦不当求诸书册，惟当于日常行事中求之”。二、黄宗羲、万斯同等为一派，此派以史学为根据而推之于当世之务。同时的顾祖禹，以后的全祖望、章学诚等，皆祖述之。三、王锡阐、梅文鼎等为一派，专治天算，开自然科学研究之先声。四、孙奇逢、李颙、陆世仪等为一派，则尚为理学家守最后之壁垒。因为和后来的经学没有直接的重大的影响，所以都略而不论了。

清代经学的全盛时期，在高宗乾隆时。那时的经学有二大派，一曰“吴派”，一曰“皖派”。这一期的学风和前一期不同，前期的大师，大都抱“经学即理学”的观念，所以兼采汉宋；本期则自固经学的壁垒，或置理学于不议不论之列，或对于宋学亦标反对之旗帜，而有“汉学”之称。前一期的大师尚有“致用”和“经世”的思想，如顾炎武的奔走南北，还梦想恢复明朝，是最显著的；本期的学者则实事求是，为经学而治经学，重在实证而不重在议论，所以又有“朴学”之称。所以梁启超说：清学“第二步复汉、唐之古，对于程、朱得解放。”

吴派的领袖人物是惠栋。栋字定宇，一字松崖，江苏元和（今并入吴县）人。其父士奇，字天牧，一字仲孺，号半农，别号红豆主人，本长于经学。栋既承家学，好博尊闻，著述极多，关于经学的，有《周易述》、《易汉学》、《古文尚书考》、《左传补注》、《九经古义》等。钱大昕为他作传，谓“拟诸汉儒，当在何邵公、服子慎之间，马融、赵岐辈不能及”云。其弟子，以余萧客、江声为最著。萧客，字仲林，号古农，长洲人，著有《古经解钩沉》等书；江声，字艮庭，元和人，著有《尚书集注音疏》等书。而王鸣盛（字凤喈，号西庄，嘉定人，著有《尚书后案》等书）、钱大昕（字辛楣，又字晓征，号竹汀，嘉定人，著有《十驾斋养新录》等书）、汪中（字容甫，江都人，著有《述学》等书）、刘台拱（字端临，宝应人，著有《论语补注》等书）、江藩（字子屏，号郑堂，甘泉人，著有《国朝汉学师承记》等书）等，亦被其余风。

皖派的领袖人物是戴震。震字东原，安徽休宁人。震之学出于江永（永，字慎修，安徽婺源人，长于声韵及步算之学，著有《四声切韵表》、《礼书纲目》等书），精于小学，著有《六书论》（今未见，东原集中有《答江先生论小学书》尚存大义）、《声类》等书，兼通天算，著有《勾股割圜记》等书；而其毕生精谊所在、足以自成一家言者，则为《原善》、《孟子字义疏证》二书。尝力斥宋儒“天理、人欲不并立”之误，以为“理也者，即情欲之不爽失者也，故理即寓于欲中”，“宋儒以意见为理，舍是非而论顺逆，然后以空理祸斯民。故人死于法，犹有怜之者，死于理，其谁怜之”。故梁启超以为他直欲建立一情感哲学，又说：“惠仅述者，戴则作者。”总之，震之为学，贵精不贵博，深刻断制，重实证，重条理。近人说清代经学家的治学方法含有科学的精神者，实指戴震这一派而言。段玉裁云：“先生合义理、考核、文章为一事，知无所蔽，行无少私，浩气同盛于孟子，精义上驾于康成、程、朱，修辞俯视乎韩、欧。”这并不是阿其所好的话。戴震的弟子，最著者为段玉裁、王念孙。段玉裁，字懋堂，金坛人，所作以《说文解字注》、《六书音韵表》等为最著。王念孙，字怀祖，高邮人，所作以《广雅疏证》为最著。念孙之学，传之其子引之。引之，字伯申，所作以《经义述闻》、《经传释词》为最著。而清末德清之俞樾（字荫甫，别号曲园居士，所作以《群经平议》、《诸子平议》、《古书疑义举例》为最著）、瑞安之孙诒让（字仲容，所作以《周礼正义》、《墨子闲诂》、《名原》为最著）亦皆承其余风。而近来为清学后劲的章炳麟（字太炎，余杭人，有《章氏丛书》），也是俞樾的弟子。

戴震论学与朱子抵牾，因为他确有所见，并非故持门户之见，欲抨击前贤以见长，故其所作《毛郑诗考》亦尝采取朱子《诗集传》之说。惠栋红豆山庄自题楹联云：“六经宗孔孟，百行法程朱。”尤可为未尝反对程、朱之证。震尝称江永之学，谓‘自汉经师康成后，罕与俦匹”，推崇可谓备至，而永尝注朱子之《近思录》，其《礼经纲目》亦仿朱子的《仪礼经传通解》。震之弟子，段玉裁为最，亦尝议以震配享朱子祠。又尝跋朱子《小学》云："或谓汉人言'小学'谓六书，非朱子所云。此言尤悖。夫言各有当，汉人之小学，一艺也；朱子之小学，蒙养之全功也。"段氏以极精小学之人，而不以汉人的小学非薄朱子，可见惠、江、戴、段虽标"汉学"之名，亦未尝与理学之程、朱之学故分门户，将它一笔抹杀。因为宋儒经说虽未能合于古义，而其学行实不愧于古人。江藩作《国朝汉学师承记》时，焦循曾贻书争之，谓当改为"国朝经学师承记"，立名较为浑融，免启门户之争，江藩不从。方东树乃作《汉学商兑》，反攻汉学，肆其讥评，竟波及于戴震与顾炎武。戴震当乾隆时入四库全书馆，名动一时。当时桐城派的健将姚鼐尝欲从震学，震拒绝之，且讽以微言，后来姚鼐持论多张宋学、斥汉学。方东树也是桐城派中的巨子。所以当时长于文章的古文家，多和汉学立于反对的地位。

清代经学家治学之成绩，第一是各经传都有新著的注疏。今举其要者列述如下：

《易》　惠栋《周易述》、张惠言《周易虞氏义》。张惠言书以荀爽、虞翻二家为主，旁采汉儒诸家之说及《乾凿度》等纬书。除上述二书外，江藩有《周易述补》、姚配中有《周易姚氏学》、焦循有《易通释》。

《书》 江声《尚书集注音疏》、孙星衍《尚书今古文疏证》。此二书皆斥伪古文《尚书》，其注多采《尚书大传》、《史记》及马融、郑玄之说，江声间入己见。除上述二书外尚有王鸣盛《尚书后案》、段玉裁《古文尚书考异》。

《诗》 陈奂《毛诗传疏》、马瑞辰《毛诗传笺通释》。陈书用毛传而弃郑笺，马书仍郑笺。

《礼记》 孙希旦《礼记集解》。其书除郑注、孔疏外，兼采宋、元以后诸儒之说。

《仪礼》 胡培翚《仪礼正义》。此外，胡承珙亦有《仪礼今古文疏义》。

《周礼》 孙诒让《周礼正义》。此书于训诂、名物、制度，考证均极精，为治《周礼》最精之书。

《左传》 刘文淇《左传旧注疏证》。刘著此书未成而卒，其子毓崧续成之。惠栋亦有《左传补注》。

《公羊传》 陈立《公羊义疏》。此外，刘逢禄有《公羊何氏解诂笺》及《公羊何氏释例》。

《谷梁传》 钟文烝《谷梁补疏》。此外，邵晋涵亦有《谷梁正义》，但似未行世。

《论语》 刘宝楠《论语正义》。此外，戴望亦有《论语注》。

《孝经》 皮锡瑞《孝经郑注疏》。《十三经注疏》中本用唐玄宗注，皮氏书改用郑玄注。

《尔雅》 邵晋涵《尔雅正义》、郝懿行《尔雅义疏》。此二书均较旧邢昺疏精博。

《孟子》 焦循《孟子正义》。《孟子》旧用伪孙奭疏，焦书去伪孙疏，仍用赵岐注。

章炳麟以为“取精多，用物宏，皆胜旧释”，并非过誉。研究礼类者，如黄以周之《礼书通故》，颇能兼综三《礼》；秦蕙田之《五礼通考》，直欲穷二千余年来之礼制，自比《通典》。虽章炳麟讥其不免“以世俗正古礼”，但终是一部治礼的巨著。

第二种成绩是把汉人所谓“小学”扩展推进，成为有系统的文字学。《汉书·艺文志》六艺略小学类所录，不过是古人教学童识字的书。清代的经学家因为解经的需要，对于文字的声韵、训诂益加精研，并旁及于文字的形体。因为古代的语言文字和现代的不同，且古人经学重在口耳相传的，往往有因方言语气而显出差异来的，例如“齐言”、“鲁语”之分，见于《公羊传》，“长言”、“短言”、“读为”、“读若”等例，亦不一而足。而《尔雅》及《说文解字》二书，尤为研究训诂、形义的要籍。清儒的《尔雅》新疏，已见上述，而王念孙的《广雅疏证》更是精博之作。关于《说文解字》的，除最著名的段玉裁之《说文解字注》外，尚有桂馥的《说文义证》、王筠的《说文句读》与《说文释例》、朱骏声的《说文通训定声》等。许慎的《说文解字》，自北宋初徐铉、徐锴兄弟而后，似乎久不为人注意，所以元、明的学者很少研究它的。到清代，才有许多学者提倡研究，而此书几与群经传记列在同等的地位了。声韵是文字的三大要素之一，故研究文字学者必研究声韵。宋吴棫、明陈第已知讲求古音，及清初顾炎武著《音学五书》研究古音、唐音，江永、戴震、段玉裁、孔广森以及近人章炳麟、黄侃等，对于声韵的研究精益求精，声韵之学遂著空前的成绩。其由训诂之学推及语词之用法者，则有王引之的《经传释词》、刘文淇的《助词辨略》等；推及古书辞句之构造者，则有俞樾的《古书疑义举例》等，这已引申到文法修辞学方面去了。

第三种成绩是校勘学方面的贡献。西汉末，刘向父子领校群书，为校勘学之起源。《颜氏家训》、《匡谬正俗》等书，也是有关校勘的。至宋，乃有刘敚、刘恕、宋祁之校史。清代的经学家，以校勘著名的很多，如戴震、卢文弨、顾广圻等尤精。戴震校刊《水经注》，卢文弨所校刊的"抱经堂丛书"，顾广圻所校的《说文》、《礼记》、《仪礼》、《国语》、《国策》、《文选》诸书，并作有札记，都很精确，而阮元的《十三经注疏校勘记》功绩尤为伟大。所谓校勘学者，就是校正古书简编之脱乱、文字之讹讹夺衍，使易于理解的一种工作。例如，《汉志》说刘向以中古文校欧阳、大小夏侯三家今文《尚书》，《酒诰》脱简一，《召诰》脱简二。这叫做"脱简"。《孟子·尽心》在陈章曰"何以是嘐嘐也？言不顾行，行不顾言，则曰古之人、古之人"一节，据俞樾说，当移置上文"曰其志嘐嘐然"句之下，而上文“曰古之人、古之人”七字则为衍文。这叫做“错简”。因为古代以竹简代纸，以韦或丝贯编成册，编贯一断，便致脱落错乱了。“衍”是多了一个或几个字，“夺”是少了一个字或几个字，“讹讹”是文字写错了，或因形似而误，或因音近而误，或合二字为一字，或分一字为二字。因为古代书籍是辗转传抄的，所以文字易致衍夺讹讹，非经校正，往往费解。由校勘的工作更推广之，则有古书真伪的辨证、版本优劣的考究、书籍部居的整理，范围更广大了。

第四种成绩是辑佚。我国数千年来，书籍的厄运很多，如秦始皇焚书事，已见第二章。西汉帝王勤求遗书，藏书甚多，刘向父子方校理就绪，而王莽之末长安兵起，汉世所藏之书又成灰烬。经东汉诸帝之提倡收集，东都兰台、东观所藏始渐复旧观，而董卓挟献帝西迁时，缣帛图书又复散失，大者取为帷帐，小者用作縢囊。西京大乱，所收载以西的七十余车亦复荡尽。经魏及晋，郑默、荀勖《中经》所录，虽犹有缺，收集已多，而西晋五胡之乱，都城沦陷，又毁于兵燹。南朝之书，一毁于侯景渡江之乱，再焚于周师入郢之时。隋牛弘《请开献书之路表》述之甚详。隋以前如此，唐以后也可推想而知。总之，经过一次变乱，书籍便有一次极重大的损失。所以遗佚的古籍，必不在少数。宋王应麟辑三家《诗》及郑氏《易注》，已开辑佚之风。清儒对于辑佚书的工作，也很勤奋。惠栋亲定体例，教弟子分辑古书；余萧客的《古经解钩沉》，便是辑古代已亡佚的经说的。余如孙星衍辑马、郑《尚书注》，陈乔枞辑《三家诗遗说考》，以及马国翰的“玉函山房丛书”，都是在辑佚方面卓著成绩的。

清代学者的校勘、考证、辑佚、训释等工作，初但致力于群经，后乃推及于子、史。如王鸣盛的《十七史商榷》、俞樾的《诸子平议》等是总括诸史或诸子的，而王念孙的《读书杂志》也兼及子、史。至于就专书致力的，则子部如王先谦的《庄子集解》、孙诒让的《墨子闲诂》、王先慎的《韩非子集解》等，史部如梁玉绳的《史记志疑》、王先谦的《汉书补注》等，都是极精博的著作。这是由经学的研究，推扩开来的。

清代有两部汇集诸家经说的大丛书，便是《皇清经解》和《续皇清经解》。前者由阮元编辑，汇刻于广州的学海堂，所以又名“学海堂经解”，所收清儒解经之书凡一百八十八种；后者由王先谦续辑，汇刻于江阴的南菁书院，所以又名“南菁书院经解”，凡二百九卷，清儒关于经学的著作大致已萃于此二书了。我们看了这两部大丛书，已可想见清代经学之盛，不但非唐、宋、元、明所可及，亦且超轶两汉哩！

《四库全书总目提要》经部总叙有一段话，叙述两汉以来的经学颇为扼要，现在摘录如左：

> 自汉京以后垂二千年，儒者沿波，学凡六变。其初专门授受，递禀师承，非惟训诂相传莫敢同异，即篇章字句

亦恪守所闻，其学笃实谨严，及其弊也拘。王弼、王肃稍持异议，流风所扇，或信或疑，越孔、贾、啖、赵以及北宋，孙复、刘敞等各自论说，不相统摄，及其弊也杂。洛、闽继起，道学大昌，摆落汉唐，独研义理，凡经师旧说俱排斥以为不足信，其学务别是非，及其弊也悍。（原注：“如王柏、吴澄攻驳经文，动辄删改之类。”）学脉旁分，攀援日众，驱除异己，备定一尊，自宋末以逮明初，其学见异不迁，及其弊也党。（原注：“如《论语集注》误引包咸、夏瑚、商琏之说，张存中《四书通证》即阙此一条以讳其误；又如王柏删国风三十二篇，许谦疑之，吴师道反以为非之类。”）主持太过，势有所偏，才辨聪明，激而横决，自明正德、嘉靖以后，其学各抒心得，及其弊也肆。（原注：“如王守仁之末派皆以狂禅解经之类。”）空谈臆断，考证必疏，于是博雅之儒引古义以抵其隙，国初诸家，其学征实不诬，及其弊也琐。（原注：“如一字音训动辄数百言之类。”）

按纪昀作《四库全书总目提要》时，正当惠、戴讲汉学专宗许、郑的经学极盛时代，那时学者解经，繁称博引，间有如汉人秦延君之流，颜之推所讥为“博士卖驴，书券三纸，未有‘驴’字”者。但此种繁冗之病，以吴派为甚。纪氏以数百字总括二千年来经学得失，且各以一字断其流弊，虽不能说他毫无偏见羼杂其间，但确足以供我们作一个提纲挈领的总说。他所谓失之“拘”者，指两汉笃守师法家法的经学；失之“杂”者，指魏晋至宋初的经学；失之“悍”者，指宋仁宗以后至南宋的经学；失之“党”者，指宋末至明初的经学；失之“肆”者，指明末的王学；失之“琐”者，指清代乾隆以前的经学。凡是一种学风到极盛之后，当然要发生流弊的，纪氏所论，也可以说是“虽不中，不远矣”了。

第十九章
经今文学的复活

第十九章
经今文学的复活

梁启超论清代学术，分之为四期而以一言蔽之曰："以复古为解放。""第一步复宋之古，对于王学得解放"，是指清初顾、阎诸儒，为经学复兴之初期；"第二步复汉、唐之古，对于程、朱得解放"，是指乾隆时惠、戴诸儒，为经学全盛之时期，这二期的经学，上一章已略述其大概。"第三步复西汉之古，对于许、郑得解放"，"第四步复先秦之古，对于一切传注得解放，甚且对于孔、孟得解放"，则指嘉庆、道光时经今文学复活以后而言。这是我国二千年来经学史的最后一个时期，其影响直及于我国现在的学术思想，当于本章中述之。

经今文学的首倡者，是乾隆时与戴震同世的庄存与。存与，字方耕，武进人，著有《春秋正辞》，不斤斤于训诂名物而专讲公羊家所谓"微言大义"，其治学的途径与在当时负盛名的惠、戴诸人截然不同。因为《十三经注疏》中只有何休的《公羊传解诂》是今文家言，所以今文学复活的出发点是《春秋公羊传》。但是庄存与并不能说是一个纯粹的今文学者，因为他还著有《周官记》、《周官说》、《毛诗说》等，这些都是关于古文经传的。他的弟子以宋翔凤、刘逢禄为最著，而在学术上的地位和价值则宋不如刘。逢禄，字申受，阳湖人，是庄存与的外孙，著有《公羊释例》（原名为《春秋公羊经传何氏释例》，此其简称）、《公羊何氏解诂笺》、《左氏春秋考证》等书。他专主董仲舒、李育之说，确守今文的师法。《公羊释例》一书，有系统，有例证，有断案，深合于汉学家近于科学的治学方法，所以信从古文的章炳麟也不能不称它“属辞比事，类列彰较，亦不欲苟为恢诡，其辞义温厚，能使览者说怿”了。因为庄存与、刘逢禄等都是常州人，所以复活的今文之学被称做“常州学派”，与惠栋的吴派、戴震的皖派相鼎峙。其后，仁和龚自珍定庵（丽正子，段玉裁外孙），虽没有经学的专门著作，而喜引公羊义讥评朝政，也足为今文张目。可惜他仍袭用章学诚“六经皆史”之说（“六经皆史”，明李贽已有此言，见《焚书》）作《六经正名》一文，以自陷于古文家言，终不能成为一纯粹的今文学家。邵阳魏源默深作《诗古微》，主三家《诗》，攻毛传及《大、小序》；作《书古微》，并指马融、郑玄的古文《尚书》也不是孔安国的真说。仁和邵懿辰位西作《礼经通论》，论《仪礼》十七篇并非残缺，逸《礼》三十九篇出刘歆伪造。德清戴望子高的《论语注》也主今文家言，引公羊义例以为训解。而当时辑佚的工作，也大有助于今文学。如迮鹤寿的《齐诗翼氏学》，冯登府的《三家诗异文考证》，陈寿祺的《三家诗遗说考》及其子乔枞的《诗经四家异文考》、《齐诗翼氏学疏证》等，专辑今文《诗》的遗说；陈乔枞的《今文尚书遗说考》、《尚书欧阳夏侯遗说考》是专辑今文《尚书》的遗说；玉函山房所辑更多，如《尚书》的欧阳章句、大小夏侯章句，《周易》施、孟、梁丘、京四家章句，《公羊严氏春秋》、《公羊严氏记》及齐《论语》等。在他们未必是有意提倡今文，而今文学终因之复活了。至清光绪时，善化皮锡瑞鹿门作《经学通论》及《经学历史》，也主今文说；湘潭王闿运壬秋也曾以今文义编注群经；他的弟子成都廖平季平著"四益馆经学丛书"，其中以《今古学考》一书为最有系统。及康有为出，乃集经今文学之大成。康初名祖诒，字广夏，一字更生，号长素，南海人。为清末戊戌变法的主角。有为初亦兼治古文经，及见廖平之书，乃专致力于今文之学。他的著作，以《新学伪经考》及《孔子改制考》二书为最精采。近人崔适作《春秋复始》，说《谷梁传》也是古文；作《史记探原》，说《史记》是今文，其所以杂有古文说者，全由刘歆窜入。于是经今文学在清末遂达于全盛时期。

经今文学之所以复活于嘉庆、道光之世而全盛于清末，也和经学之中兴于清之初世一样，有它内在的"因"（学术本身的因素）、外铄的"缘"（国家政治的因素）。清代经学极盛之后，其流弊不免如纪昀所讥的失之于"琐"，一字的训诂、一音的声韵、一物的名称，以至一种制度、一条校勘，动累千言，已够使学者看了头痛，且其所争议研究者尽是些书本上的死文字。这时有学者出来作"微言大义"的探讨，自然觉得它是异味了。一方面，如梁氏所说，清代经学第一步是复宋之古，第二步是复唐之古，又进而至于东汉，那么更由东汉推而上之以及于西汉，也正是自然的趋势。这可以说是关于学术本身的内在的“因”。嘉庆以前正是清廷全盛之时，故一面则国家社会安宁，学者有专心读书的余裕；一面因异族的帝王猜忌汉人之故，文字狱迭兴，学者不敢谈经世之务，而群趋于与世无争的古经研究，以“有托而逃”。到了道光、咸丰以后，内则有太平天国之乱，外则有鸦片战争之败，不但清帝的权威日替，且有国势危亡之惧。于是有识之士不满于经学家之断断于书本中的章句文字，而复昌言经世求国，而借公羊家“三世”、“改制”之义以讥切时政。这可以说是关于国家政治的外铄的“缘”。有此因缘，于是自东汉末郑、王混合今古文以后，埋没二千余年已成化石的西汉今文之学，遂顿呈复活之象了。

清末经今古文学各有一殿军的后劲，一是古文大师章炳麟，一是今文大师康有为。康氏认为古文经传全出刘歆伪造，故目之曰“伪经”；认为古文经学不是西汉的经学而是新莽之学，故谥之曰“新学”。他这部《新学伪经考》，是对于古文经学下总攻击的，友人周予同君曾撮述它的大意道：

一、西汉经学无所谓“古文”，一切古文都是刘歆伪造；

二、秦始皇焚书，六经未尝受灾，西汉今文十四博士的传本并无残缺；

三、篆隶之说不足信，孔子时所用字体就是秦汉时通行的篆体，就文字说也无所谓古今文；

四、刘歆想遮掩作伪的痕迹，所以校中秘书时，对于一切古书多加以淆乱；

五、刘歆作伪的动机是想佐王莽篡汉，所以崇奉周公而毁灭孔子的微言大义；

六、古文经所以流传，是由于东汉通学郑玄的混淆家法。

他攻“伪经”，也自有其“持之有故，言之成理”的一番议论。此书虽遭清廷焚禁，现在却并不难得，要知道今文派议论的大旨，很可以细细一读。他又著有《孔子改制考》，说先秦诸子皆“改古改制”，六经也是孔子“托古改制”的著作，尧、舜之治即是孔子改制的理想社会而托之于古的。从这部书引申出来的，便有他的《大同书》。这部书中所描写的“大同”社会，可以说是康氏的理想社会，简直是无政府主义者的理想。康氏在清末已有这种理想，不能不说他思想的急进。可是他在事实上竟是一个复辟党的领袖，在民国初年导演过一幕张勋复辟的滑稽剧，这是什么缘故呢？他深信所谓“三世”（据乱世、升平世、大同世）之说，以为现在还是“据乱世”，所以力主君主立宪以期实现“小康”之治了。康氏行动上的开倒车，固然是不值得齿数的，但在经今文学方面，其所贡献却不能不承认其巨大，虽然其武断的议论是很多的。所以他和章炳麟，可以说是清代经学今古文两派最后所结的两个硕果。

经今文学及于其他学术思想的影响怎么样呢？我们可以分三方面来看：

（一）文字学的研究方面　清代经学全盛时代，文字学的研究也随之勃兴，前一章已述说过了。那时候，研究文字学差不多以十三经中的《尔雅》及许慎的《说文解字》二书为中心。今文派复活以后，对于文字学尝有过猛烈的攻击，如康有为《伪经考》说："小学者，文史之余业，文史之余技，岂与六经大道并哉？六经之末而附以小学，……此刘歆提倡训诂，抑乱圣道，伪作古文之深意也。"又说："歆既遍伪群经，又欲以训诂证之，……自此，经学遂变为训诂一派，破碎支离，则歆作俑也。"他认为刘歆所以竭力倡导小学，实为掩护他所伪造的古文，此其一。孙星衍《尔雅释地四篇后叙》说："《尔雅》所记皆《周官》之事。"陈启源《毛诗稽古编》考《尔雅》多与毛传同，康有为也说："《尔雅》训诂以《周官》、《毛诗》为主。《释山》则有五岳，与《周官》合，与《尧典》、《王制》异；《释地》九州与《禹贡》异，与《周官》略同；《释乐》与《周官》大司乐同；《释天》祭名与《王制》异，与《毛诗》、《周官》合。若其训诂，全为《毛诗》。"可见《尔雅》是古文说。《说文序》说："其称《易》，费氏；《书》，孔氏；《诗》，毛氏；

《礼》，《周官》；《春秋》，左氏；《论语》、《孝经》，皆古文也。”可见《说文》实为古文经传的渊薮。康有为《新学伪经考》中有《说文序纠谬》一篇，曾说：“歆伪经之光大，则赖郑玄之功；伪字之光大，则赖许慎之功。”所以《说文》中所谓“六书”，康氏以为仅见于《周官》，不见于他书（《左传》虽有“止戈为武”、“反正为乏”的话，也是古文家言），除许慎《说文》及郑玄《周官注》外，西汉博士绝不谈及，故于六书说的本身虽亦称其条理甚备，而所谓“古文”者则认为绝不足信。康氏之意，以为刘歆“伪托于经，则不得不恶而辩之”，其攻驳之词也有一部分有理由的（如说小篆于古文笔画反多增加，不合文字进化由繁而简的原则；说古文出于孔子壁中，而壁中得书的事是根本不可信的；说文字的变迁由于社会的自然趋势，不是某一人所能改造，故程邈造隶书之说已不可信，而《汉志》所谓“施之徒隶，故曰隶书”，更是有意斥辱今文之类）。总之，今文家治经重在微言大义，不重在文字训诂，文字学的研究本不如古文家之视为极重要的工作，又因其来源、其要籍都与古文有关，所以尽力攻击的。这种攻击消极方面，固足以阻碍正在发展中的文字学之研究；但积极方面，却又给予文字学以解放的机会。古文家之长于文字学如章炳麟者，尚且为《说文》所拘束，认为钟鼎是不屑研究的、甲骨是伪造的。经今文家一番攻击后，《说文》的地位已发生动摇，又自甲骨文于光绪时在安阳发现后，学者以其与钟鼎文字同有研究的价值，文字学乃得解脱了《说文》的束缚而别辟一新的蹊径。这是经今文学的第一种影响。

（二）古代史和史学的研究方面　我国研究古代史者有两种相反的观念：一种是“退化论”，带有悲观的复古的色彩；一种是“进化论”，带有乐观的改进的色彩。前者认为尧、舜之世是我国的“黄金时代”，一切政治道德都已达最高的地步，其后则“帝降为王，王降为霸，霸降为雄”，一蟹不如一蟹地退化下来了。他们对于现实是悲观的，对于上古是迷恋的。后者却以为世运是进化的，我国文化灿烂的时代不在上古尧、舜之世，而在春秋战国诸子蜂起的时代，秦汉以后虽没有长足的进步，但终在渐渐地进展着，而且如能努力振奋，今后也很有上进的希望。他们不迷恋于上古，而在希望着将来。经学中古文、今文二派的论调，正各和上述二种观念相合。古文家相信六经中所记尧、舜之治是真实的，相信《周官》是周公致太平之书，或已实行过，或是预定而未行的计划。今文家以为《周官》一书，至早是战国时人理想中的官制，六经中所说的尧、舜之治是孔子为了托古改制，借以宣传的一种理想的乌托邦，这种“太平”、“大同”之世，是他对于将来的一种憧憬着的希望。所以经今文学的议论，影响于古代史的研究者，足以改变它的根本观念，——一种退化的、复古的、悲观的旧的历史观，此其一。尧、舜之治既是孔子托古改制的理想，是一种乌托邦而不是可信的史实，则其他史实可疑者必多。于是引起了对于古史的怀疑论。顾颉刚认为，“古代的史实完全无异于现代的传说，天下的暴虐归于纣，与天下的尖刻归于徐文长是一样的”；胡适认为，“包公身上堆着许多有主名或无主名的奇案，正如黄帝、周公身上堆着许多大发明、大制作一样，李宸妃故事（即狸猫换太子的故事）的变迁沿革，也就同尧、舜、桀、纣等等古史传说的变迁沿革一样，也就同井田、禅让等等古史传说的变迁沿革一样”。这种怀疑古史的思想，至少是有意的或无意的受了今文家孔子托古说的影响，此其二。研究古代史不能不研究古代的制度，而古代的制度只能求之于古代的经籍中，可是今文、古文两派对于古的制度说解亦复不同。例如封建之制，今文说以为所封之国分五服，各五百里，分三等，公、侯方百里，伯七十里，子、男五十里，王畿内亦封国，天子五年一巡狩；古文家则以为所封之国分九服，亦各五百里，分五等，公方五百里，侯方四百里，伯方三百里，子方二百里，男方百里，王畿内不封国，天子十二年一巡狩。又如官制，今文家以为天子立三公（司徒、司马、司空）、九卿、二十七大夫、八十一元士，凡百二十官，而且无世卿，有选举；古文家以为天子立三公（太师、太传、太保），而以三孤副之（少师、少傅、少保，亦谓之“三少”），三公、三少皆无属官，此外尚有六卿（冢宰、司徒、宗伯、司马、司寇、司空），皆有属官，共三百六十，而且有世卿，无选举。自从经今文学复活以后，从前所认为信而有征的古代制度史，不是变成尚待考证的史料了吗？此其三。我国研究史学的专著，较有系统的、为一般人所推崇的只有刘知几的《史通》与章学诚的《文史通义》、《校雠通义》。《史通》的《六家》、《申左》诸篇，于《左传》则时加褒扬，以为“其言简而要，其事详而博，信圣人之羽翮而述者之冠冕”；于《汉书》亦称其“言皆精练，事甚该密”；至于《史记》，则讥其“所载多聚旧记，时采杂言”。《文史通义》则大唱“六经皆史”之说，《校雠通义》则对于刘歆的《七略》、班固的《汉书·艺文志》大加推崇。刘、章二氏之说，都是偏于古文经学一方面的。今文家则以为《左传》是和《春秋》经无关的，是刘歆从《国语》中分出且加以改窜的；司马迁生于古文经未出之前，又习闻今文学大家杨何、董仲舒（《史记·太史公自序》言其父谈习《易》于杨何，又有“余尝闻董生曰”等语）等之说，故其说多与今文合（如《五帝本纪》、夏殷周之《本纪》、《孔子世家》、《儒林列传》、《太史公自序》诸篇），至其中杂有古文说的（如《自序》云“年十岁，则诵古文”，《儒林传》云“孔氏有古文《尚书》，安国以今文读之，逸《书》得十余篇”），皆系刘歆所窜入；而《汉书·艺文志》全袭刘歆《七略》，颠倒六经次序，列古文经于孔子今文经上，盛称古经，斥博士今文之学，夺孔子之学以上托于周公。果如所说，则《左传》为伪书，《史记》为信史，《汉书》为刘歆信徒的著作，是掩护伪经之书，不是把仅有的两部史学名著都推翻了吗？此其四。所以经今文学及于古史研究和史学的影响是很大的。

（三）古代学术史研究的方面　我们研究古代学术，无论对于孔子的观感如何，不能不承认他在古代学术史事实上的地位。但是孔子的真相究竟如何，却至今还没有人敢断定。梁启超《清代学术概论》引《新民丛报》上他自己的话道："寖假而孔子变为董江都、何邵公矣，寖假而孔子变为马季长、郑康成矣，寖假而孔子变为韩退之、欧阳永叔矣，寖假而孔子变为程伊川、朱晦庵矣，寖假而孔子变为陆象山、王阳明矣，寖假而孔子变为顾亭林、戴东原矣。"这一段话，很能指出我国数千年来学术屡变，而都掮着孔子为招牌的弊病，我们还可以继续说"寖假而孔子变为廖平、康有为矣"。这真如韩非所谓"孔子之后，儒分为八，取舍不同，而皆自谓真孔子，孔子不复生，将谁使定后世之学"了。所以孔子的真相，至今仍是迷离莫辨。我们要研究古代的学术，便不得不注意到孔子；要研究孔子的真相，便不得不从两汉经生、唐宋文人、宋明理学家以及清代经学的古文家、今文家所描写的孔子中去剔括爬梳。这是第一点。我国学术界向来崇奉孔子，稍涉怀疑，便以"非圣无法"斥之。我们知道，学术思想之发展，有待于怀疑的研究精神。孔子既成了一个至尊无上的偶像，对于他不许有丝毫怀疑，自然成为思想上的统制者、学术进展上的障碍物了。对于经传怀疑的，唐、宋以来固不乏人，前几章都各有述及。但到了晚清的今文学者，乃公然斥古文经传为伪书，以为是刘歆佐王莽篡汉的工具，其怀疑大胆实为前所未有。但是廖平曾因此被张之洞威逼，卒屈服而自变其说（他初主古文为周公、今文为孔子之说，继更进而主今文为孔子真学、古文为刘歆伪学之说，原为今文学家之言。后受张之洞的胁诱，竟说今文是小说、古文是大统，前后自相矛盾），康有为的《新学伪经考》也曾被清廷焚禁，以怀疑精神研讨经籍仍受政治势力的压迫。及政体鼎革后，思想解放，这种怀疑精神始发生很大的影响。而且今文家所以主张孔子托古改制，原是竭力推崇，想尊孔子为“素王”、为教主，以为孔子是为万世创教立制。但孔子的托古改制既和先秦诸子一样，则无形中其地位已降而与诸子平等，不复站在笼罩一切、至高无上的地位了。恰好那时经学家研究的工作已渐渐地由经而及于子，科举时代不被人们重视的子书也有人努力研究，于是儒家不过九流中的一流，孔子也是诸子中的一子，遂为今日大家所同具的一种思想了。这是第二点。从前的人尊崇孔子太过，致把他看做一个超人、一个神，甚至于是一个泥塑木雕的偶像，毫无情感、毫无生气。今文家理想中的孔子却是一位热心救世，想改革当时制度，创造新社会，建设新学派的人物，具有“知其不可而为之”的百折不挠的意志与精神的。这样一来，孔子就生气蓬勃了。我们知道孔子是圣人，圣人也是一个活泼泼的人。以人情事理去研究孔子，去读关于孔子的书，方能获得真正的意义。这是第三点。秦汉以后，我国的学术思想为孔子所笼罩，几千年来的学术，不外经学、理学二派迭为盛衰。前者在章句、训诂、名物上用工夫，后者在心性、理气、修养上用工夫；前者只是书本上的工夫，后者只是个人身心上的工夫。自今文学家出，他们的工夫不重在书本，不重在个人的修养，而着眼于政治社会的改革，这真是跳出几千年来盘旋的圈子而独树一帜，另辟一学术思想的新境界了。这是第四点。

据上所述，则今文学的复活，其影响于我国学术思想界者至为巨大，而且非当时的今文大师们始料所及。且从此以后，却因范围扩大、思想解放而经学反形衰歇了，这大概是“四时之运，功成者退”吧！

第二十章

经学的附庸——文字学

第二十章
经学的附庸——文字学

《汉书·艺文志》于六艺略孝经类之后著录《史籀》、《苍颉》诸书，特立一类，名曰“小学”。所录各书，都是古代教学童识字用的字书，所以名为“小学”。《周礼》说，古者八岁入小学，教以六书；汉初萧何定律，也有“太史试学童，能讽书九千字以上乃得为史”的规定。故称这类书为“小学”，原也确如其分。其所以附于六艺略者，因为经学重训诂，故以教授文字的小学书为经学的附庸。后来这种学问发达起来，成为研究文字的专门之学，“小学”这名词已不适用，当正名之曰“文字学”了。现在研究文字学的专书，可谓已汗牛充栋，因为它是经学的附庸，所以在本书之末略述它的大概。

《汉志》序小学类云：“古者八岁入小学。故《周官》保氏掌养国子，教之六书，谓‘象形’、‘象事’、‘象意’、‘象声’、‘转注’、‘假借’，造字之本也。”六书为造字之本，故为文字学首当研究的问题。保氏，官名，《周礼》地官司徒之属。郑玄《周礼注》引郑众说，则以六书为“象形”、“会意”、“转注”、“处事”、“假借”、“谐声”。许慎《说文解字序》所举六书名称，则又为“指事”、“象形”、“形声”、“会意”、“转注”、

“假借”。三家释六书，名称、次第各有不同，现在先列表对照如下：

班固说	郑众说	许慎说
象形（一）	象形（一）	象形（二）
象事（二）	处事（四）	指事（一）
象意（三）	会意（二）	会意（四）
象声（四）	谐声（六）	形声（三）
转注（五）	转注（三）	转注（五）
假借（六）	假借（五）	假借（六）

班、郑二氏仅举六书之名，许氏则各下八个字的定义，各举二个字的例证。现在就许氏所说，逐一说明如下：

（一）指事　许曰：“指事者，视而可识，察而见意，上、下是也。”“上”、“下”的古篆先以“一”作一标帜，或在“一”之上画一记号，或在“一”之下画一记号，以表示在上或在下的意思。“视而可识”者，一看可辨识它在上或在下；“察而见意”者，细察之方见造字者的意思。又如“高”，篆字画了一座楼房的侧面，这是一看就认识的；造字者以楼房之高，代表一切高的意思，则须细察之方能体会到的。“事”，是一切动作、状态、地位……，借一形以指示之，故曰“指事”。所以“指事”一名，比“象事”、“处事”来得明白。

（二）象形　许曰：“象形者，画成其物，随体诘诎，日、月是也。”随某种物件的方圆斜正，屈曲地画成其形，以为代表此物的文字，叫做“象形”。“日”古篆象日形，内中之点或横划为日中黑影。“月”古篆象月牙，月圆时少，缺时多，故画新月之形，亦以示与“日”字有别。又如“亦”，为“腋”之本字，篆字象人形，以标识显示其两腋，其象形之法，比日、月二字更妙了。

（三）形声　许曰：“形声者，以事为名，取譬相成，江、河是也。”山川鸟兽草木之名，如造象形字，则形都相象，只可以作共名（如山表一切之山，木为一切之木），不能显示其区别，以作别名。不得已，乃取代表其共名之原有的文字以表其形，又取譬于吾人口语中呼此物的音以表其声，合形与声的两部分以成一字，叫做“形声”。例如“江’、“河”皆水名，故取“水”字以表其形；吾人呼此二水之名，音近于工、可，故取“工”、“可”二字以表其声。这类字，班氏叫做“象声”，郑氏叫做“谐声”，都仅指表声的一半说，不如“形声”一名意义赅括。

（四）会意　许曰：“会意者，比类合谊，以见指撝，武、信是也。”“武”字，从止戈会意，言动干戈以侵略他人者还不见得是武，能止住他人动干戈的方才是武。“信”字从人从言，表示惟人言乃有信，且须有信方可谓之人言，否则与鸡鸣狗吠何异。比类而合其谊，乃足以见造字者之指撝，故曰“会意”。班氏名之曰“象意”，意是抽象的，如何能象？故不及“会意”一名为明白。

（五）转注　许曰：“转注者，建类一首，同意相受，考、老是也。”解转注的，异说最多，以近人章炳麟说为最明确。“类”指事类，“首”为语根。例如“考”、“老”，其意同指年寿之人，故同属一事类，同出一语根。老之音为Lao，考之音为Kao，韵尚相同，其声已变，故意虽相同，为之别造一新字。“考”、“老”二字形虽不同，意仍无异，以同一意义换一不同之形体，恰如以壶中之水注入杯中，受水之器虽不同而其所容之水仍同，故名曰“转注”。转注是指这二字的关系说的，如单就“老”字说，则篆字从人、毛、匕（人之毛发化而为白便是老），为会意；“考”字从老省，丂声，为形声了。

（六）假借　许曰：“假借者，本无其字，依声托事，令、长是也。”转注以音变而另造新字，假借则以音同或音近而借用已有之字，不复另造新字。如“令”字之篆文，从亼（“集合”之“集”的本字）：、从卩（即“符节”之“节”），会意。古代发命令，必合符以为信，故“令”之本义为命令。引申之，则发命令之人亦曰令，如令尹、县令是。凡可以发令之人，必才德足以上者，故又引申为美德、美才之称，如令德、令才皆是。更引申之，则以为尊称之词，如令兄、令郎等。“长”本为长短之长，引申之，则为长幼之长、君长之长。此皆引申的假借。至如“祈”字，从示，斤声，为祷求之义，其后音变，乃借本义为皮裘之“求”字用之（“求”为“裘”之本字）。此则为本有其字的假借了。“然”字从肉、从犬、从火会意，以烧狗肉表一切的燃烧；“而”字为象形，《说文》云“颊毛也”，本义是须。今以“然而”二字为转折之词，但借用其音，不复问其本义为何，才是真的“本无其字，依声托事”的假借。

上面所说虽极浅近，六书意义已可明白。班、郑、许三家名称不同，比较起来，以许氏所定之名为最优。象形所象者为具体之物，指事所指者为抽象之事。物有形，故可象；事无形，只能借一象以指示之。描绘具体的物象易，显示抽象的事态难，则造字之初，象形自当先于指事。此二书皆为“独体”之“文”，虽亦有合他文以象形、指事者，但必仍有不成文的部分夹在其中（如“果”字，下从木，上半但画果子的形，并不是“田”字，而会意、形声则为“合体”之“字”了。但会意所合的文，无论两个或两个以上，都是表意的；形声则一部分表意、一部分表声，较会意已更进一步，故以造字先后论，会意当先于形声。以上四种，都可以说是造字的方法。转注因音变而造字，则字以孳乱而益多；假借则因音同或音近而借用已有之字，字乃有所节而不至过多了，这两种是造字时增减的原则。这样说来，六书次序，当以班氏所列为最妥。

一般研究文字学者，都认为我国文字创于黄帝之时，创造文字的人便是黄帝之史仓颉与沮诵。但仓颉或又以为是太古时禅通纪之帝王，对于他更有四目和造字时天雨粟、鬼夜哭等等神话。其实，“仓颉”、“沮诵”即“创契佐诵”四字之转音，谓创造书契佐助记诵，仓颉、沮诵二名即为创造书契时代的拟人化（本近人沈兼士说）。若信此二人为黄帝之史，试问文字初造，安得有史？又安得有史官呢，黄帝时尚为部落时代，岂能由一二人造作文字，颁行天下？文字初兴，盖由人事日繁，结绳之法不周于用，不得不另觅一种代表其意象与口语的声音之符号，于是由图画而想出象形的文字来。彼时各人各画，故古文之异体极多，但究竟起于什么时候，则代远年湮，无可考究了。由甲文、金文推之，则夏、商时当已有文字。文字的创造，也是文字学所当研究的问题。

“古文”指籀文以前各种文字而言，凡见于金、甲文者皆是。章炳麟等古文经派笃守《说文》，不信龟甲、钟鼎之文，固然不对；康有为等今文经派因不信古文经，并不信古文，也是矫枉过正。金文的研究起于宋，如欧阳修的《集古录》、赵明诚的《金石录》等；及清代而大盛，如王昶的《金石萃编》、孙诒让的《名原》等。友人朱剑心近著《金石学》一书，对于金石学之专门研究作初步的检讨与介绍，集诸家之大成，颇可供初学者之参考。甲文至清光绪时方发现，后经刘鹗、孙诒让及近人罗振玉、王国维、郭沫若等之收集、整理、考证，已成一有系统的研究。如《契文举例》、《殷商贞卜文字考》、《殷虚书契》，可参阅之著述亦颇多。就金、甲文以研究古文，在现代，已较从前容易多了。这也是治文字学者的实际工作。

“大篆”亦曰“籀文”，相传为周宣王时太史籀所作，以划一多异体的古文者。《汉志》即著录有“《史籀》十五篇”，自注云：“周宣王太史作大篆十五篇。”王国维则谓此乃古代教学童识字之书，以首句为“太史籀书”，故名之曰“史籀”，非谓有太史名籀者作此书。籀，读也，籀书为太史之职。如王氏所说，则彼时有无“同文字”的一番事实，也未可断言了。“石鼓文”的字体正是大篆，居近人马衡考证，定石鼓为秦时物，则秦代尚用大篆了。秦时李斯等奏同文字，采取大篆，或颇省改。“或”之者，疑之；“颇”之者，少之，则秦代的小篆并非与大篆全异可知。我国统一之局成于秦，始皇、李斯欲以政治势力统制一切，故秦代之“同文字”，是可能的事实。

至于程邈造隶书的话，则未可尽信。一则隶之与篆，不过结体繁简间有少异，而笔势无殊（汉隶笔画亦浑圆，后乃渐有挑法，渐变方笔），似非另造；二则文字之变迁，决非由某人改造颁行全国，乃由社会的、大众的，积渐的、无形的，衍变而成；三则所谓“以邈徒隶，故曰隶书”、“施之徒隶，故曰隶书”等话，正如康有为所说，为古文经派轻蔑今文的话。隶书写得简便草率，便成“草书”。草书有“章草”与“今草”（即狂草，亦曰“一笔书”）之别。张怀瓘《书断》引王愔说，谓汉元帝时史游作《急就章》，乃有章草。按以“急就”名书，乃取首句“急就奇觚与众异”之首二字，非指此书之字体而言。谓史游作草，殊未可信。章草由隶书渐渐变成，故仍有波磔、有隶意，不能指为谁作。至于今草则连绵书之，较章草尤为放纵。张怀瓘谓东汉张芝变章草为今草，亦不足据。隶书之笔势由方而渐次复变为圆，则为“真书”，亦曰“楷书”。北魏碑文，其体尚在隶、楷之间，是其明证。故严格言之，当称汉隶为“古隶”、楷书为“今隶”。此亦自然的逐渐的衍变，并非有某人改造。《宣和书谱》乃谓东汉王次仲始作楷法，亦误。今草太放，隶、楷又太拘，介乎其间者则为“行书”，亦称“行押书”，因为画行签押时所用。张怀瓘说是东汉刘德升所造，非是。今草与隶、楷间之有行书，亦犹篆、隶间之有“八分书”。不过行书与今草、隶、楷为草势拘放之分，八分与篆、隶则为结体繁简之分而已。八分似篆，二分似隶，故名“八分”，蔡琰所言最得其真。而张怀瓘谓亦是王次仲所作，且云王次仲为秦之羽士，更为失之。总之，字形的变迁，或形体由繁而简，或笔势忽方忽圆、忽拘忽纵，皆由自然之趋势，非少数人所能改作。这也是治文字学者所当研究的。

以上所说，是关于字形变迁的研究的。至于字义的训诂运用，也是文字学的重要部分。从前训诂之法颇多，有以今语释古语者，有以雅言释方言者，有取音近之字为训者，有以共名释别名者，有相反为训者。《孟子》引《书》“洚水警予”之后，即释之曰：“洚水者，洪水也。”洚水”是古语，“洪水”是孟子时的今语。引《诗》“无然泄泄”之后，即释之曰：“泄泄，犹沓沓也。”“泄泄”是古语，“沓沓”是孟子时的今语。《尔雅》的《释诂》、《释训》诸篇，也是如此。《左传》记令尹子文幼时事，叙及他命名“谷於菟”之故，而释之曰：“楚人谓乳，谷；谓虎，於菟。”因子文是私生子，被弃于野而有虎乳之，故名之曰“乳虎”，乳与虎是雅言，谷与於菟是方言。扬雄的《方言》差不多全部都是以雅言训释方言，近人章炳麟的《新方言》也是如此。《易》云：“乾，健也；坤，顺也。”《白虎通》云：“夫，扶也；妻，齐也。”此皆以音近为训，刘熙的《释名》全用此种训诂的方法。共名，谓同类之物所共有；别名，谓某物所独具。别名之义，往往难于诠释，则于其共名加分别之词以释之。如《说文》云：“梶，木也，实如梨。”木为共名，梶为木之一种，则为别名。以木释梶，又加“实如梨”三字以别之。又云：“牭，四岁牛。”“牷，牛纯色。”牭、牷皆别名，牛为共名，曰“四岁”、曰“纯色”，皆所以别之。相反为训，最为奇特。如《论语》引武王曰“予有乱臣十人”，注即训“乱”为“治”；《易》“同心之言，其臭如兰”，“臭”当训为“香”；《史记·项羽本纪》“吕马童面之”，“面”当训为“背”，都是相反为训的实例。训诂之法原不仅此，但举数例而已。

古人用字，有虚实变化之例。如曾国藩《答李眉生书》中所举“春风风人、夏雨雨人”，“解衣衣我、推食食我”之类，以现代的文法衡之，则非虚实二字所能尽。如“门”字为名词，是实字，《公羊传》的“则无人门焉者”、《左传》的“门于相门”则为虚字，且同为动词，但上句为“守门”，下句为“攻门”，则又有分别了；如弟子及门者曰“门人”（见《论语》）、大夫之嫡子曰“门子”（见《国语》），则“门”亦为虚字，但为形容词，与作动词用的又是不同。“人”字为名词，韩愈《原道》的“人其人”句，则上“人”字为动词，下“人”字为名词，便不同了；《左传》“豕人立而啼”的“人”字，则为形容“立”字的状词了；至于“人鱼”、“人参”的“人”字，则又是形容词了。所以说非虚实二字所能尽。古人用代词，分别甚细，如“吾”与“我”、“尔”与“汝”，于语气格位上皆有别，近人胡适有《吾我篇》、《尔汝篇》言之甚详。同是死的意思，也因阶级不同而有种种无谓的分别，如什么“天子死曰崩，诸侯曰薨，大夫曰卒，庶人曰死”。这些分别，现在都没有了。诸如此类，也是文字运用方面古今不同的地方。但字义极相近似而实际上有分别的，却不得不加以注意，如“闻”与“听”、“见”与“看”、“俭”与“吝”、“刚”与“愎”之类。至于助词，文言中则“欤”、“乎”、“哉”语气的强弱不同，在语体文中则“呢”与“吗”用法亦异。又如古书中有同义字叠用至三个者，如《左传》的“缮完葺墙”，《战国策》的“不拊爱子其民”等；有叠用相对的二字而只取其一义者，如《史记》“多人不能无生得失”之“得失”即“失”，《报任安书》“无所短长之效”之“短长”即“长”，“缓急人所时有也”之“缓急”即“急”等。这些都是文字运用方面的变化。文字的训诂与运用都是关于字义的，也都是治文字学者所当注意的事项。

声韵之学，向来独立于文字学之外。其实，文字有形、音、义三要素，则文字学当然须包括形体、训诂、声韵三项，况且治文字学而不懂声韵，仍不能融会贯通以得其要领，所以我认为应当把声韵之学包括在文字学范围之内。王筠《说文释例》说："天下事物之象，人目见之则心有意，意欲达之则口有声，声不能传于异地、留于异时，于是书之为文字。文字者，所以为声与意之迹也。"看见事物之象，构成心中之意，这是未曾宣达出来的"义"；在口头发表出来，以为这意义的代表的，便是"音"了；书写成文字，以为代表他心中的"义"、口中的"音"的符号的，方是文字之"形"。形、音、义三者的关系既如此密切，则研究文字学，决不当把声韵划出在范围之外。

音比较形和义要抽象得多，而且须口耳相传，极难捉摸，所以向来认为不易研究。"声"是发音，即子音（consonant）；"韵"是收音，即母音（vowel），声与韵相切合乃成一音。我国的文字是单音字，故或独用一个韵，或上半为声、下半为韵以相切合。此理至为浅显，凡是读过拼音的外国文或学过拼音字母的，都易懂得。例如"ba"切即成"巴"，"ma"切即成"麻"，现在小学生也都会的。可是反切的道理，有许多老先生们觉得非常艰深，是什么缘故呢？第一，因为从前反切所采用的字，上一字并不是仅表声的，不但不是短促的入声字，而且带着收鼻音的；下一字并不是纯粹的韵，往往带着前半个声的，所以即使读得极快也切不出音来。例如"当公切"，便不易切出"东"字来。"当"拼音作"dang"，应除去下一个韵母，仅用其声母"d"；"公"拼音作"gong"，应除去上一个声母，仅用其复合的韵母"ong"，则"dong"切便是"东"了。第二，古音的声有与今音不同的，如轻唇音的字，古都读重唇音，因此，古代韵书中常用重唇音的字来切轻唇音。此在古人读之，原无分别，而今人切起音来便格格不能吐了。《广韵》“眉，武悲切”，古音眉、武皆读重唇，今音则眉属 m 母、武属 w 母，武悲切决不会读成眉了。第三，古人以字母别声类，往往同一声类有刚、柔二音而分别不清，现在的拼音字母中却都有分别。如 g、j，一刚一柔，同属见母；k、q 也是一刚一柔，同属溪母。旧字书中的切音，往往以刚音的字切柔音以柔音的字切刚音，所以切出音来，往往与今音不合。其实，现在各地方音，刚柔不同的实例是很多的。例如“交”字，有的地方读“jiao”，有的地方读“geng”，诸如此类，不一而足。第四，音有“四等呼”，开口、齐齿、合口、撮口。旧法反切，辨等呼也不容易，现在的拼音字母则以 i（用于齐齿）、u（用于合口）、ü（用于合口）三介母夹在声母、韵母之间，以辨等呼，便很明白，比较以“干官坚捐”、“安焉宛渊”等口诀来说明，便利得多了。

四声之分，起自齐梁。梁武帝问：“何谓平上去入？”周舍答以“天子圣哲”四字。因为这四字就属平、上、去、入四声，而且平、上、去、入也是就四声中随意取四字以代表之。所以我们也可以说四声即“王道正直”即“东董冻笃”。四声之别，说得简单些，便是收音的长短：假定平声是四拍，则上、去便是三拍、二拍，入声便只有一拍了。收音不但因长短而有四声之分，还有因收音的不同而有阴声、阳声之分。“阴声”是没有收鼻音的，如拼音字 a、o、e、ai、ei、ao、i、u、ü 诸韵母，“阳声”是有收鼻音的，如拼音字母 an、en、ang、eng 诸韵母。入声过促，故即有收音亦不易辨。故古音阴阳对转，以入声为枢纽。

韵有平、上、去、入之分，声亦有喉、舌，齿、唇与戛、透、轹、捺之别。声之分唇、齿、舌、喉诸音，原是由声音经过口腔时受阻碍的处所而异。直出于喉，径呼而出，不受阻碍，是曰“深喉音”，如 a、o。音发于喉，至舌根与软颚间而受阻者，曰“浅喉音”，如 ng、h、k、g。至舌叶与口盖间而受阻者，曰“舌上音”，如 j、q、x。至舌头与上齿龈间而受阻者，曰“舌头音”，如 d、t、n、l。至上下齿尖间而受阻者，曰“齿音”，如 z、c、s。至下唇与上齿间而受阻者，曰“轻唇音”，如 f、k。至上下唇间而受阻者，曰“重唇音”，如 b、p。戛、透、轹、捺则又以阻碍的程度而分。“戛”者戛击，“透”者透破，“轹”者轹过，“捺”者捺住，如 d、t、n、l 即可以代表此四种分别。至于清、浊则是音阶高低之分，清为高音，浊为低音。例如以南方音读“当”与“唐”、“东”与“同”，则清、浊之别极为了然。不过北方音，则浊音之平声字往往由戛类化作透类，这却是不可不注意的。

声相同的字为“双声”，韵相同之字为“叠韵”。不但转注、假借有许多是双声叠韵的关系，还有以双声叠韵组合成的“谜语”，且以双声叠韵的关系而孳衍变化。例如“徘徊”为叠韵，一变而为“徬徨”，再变而为“盘桓”；“仓卒”为双声，一变而为“匆促”，再变而为“造次”。诸如此类，不一而足。又如“勃然”、“勃如”、“勃尔”，其语尾也是以声音的关系而变化的。‘而”之得借为“如”（《孟子》“文王视民如伤，望道而未之见也”，“而”即是“如”），“由”之得借为“犹”（《孟子》“王由足用为善”，“由”即是“犹”），“无”之用为“么”（白居易诗“晚来天欲雪，能饮一杯无”，“无”即是“么”。古无轻唇音，故“无”音同“么”），也都是声音的关系。即鹁鸪之为布谷、蟋蟀之为促织、寺人披之为寺人勃鞮、荀卿之为孙卿，也都是因声音而转变的。音与形、义的关系至切，故治文字学当先通声韵。

我国治训诂之学者，自《尔雅》、《方言》以下，古代则有魏孙炎、晋郭璞等，近代则有清邵晋涵、郝懿行、王念孙等。治文字形义之学者，《说文解字》以下，宋徐铉、徐锴，清段玉裁、桂馥、朱骏声、王筠诸人，则致力于《说文》；宋欧阳修、赵明诚，清王昶、吴大澂等，则致力于金文；近人罗振玉、王国维等，则致力于甲骨文。至于声韵，则或考古音，或究今音，自宋吴棫、陈第以来，清顾炎武、江永、戴震、段玉裁、陈澧等亦各有发明，近人章麟炳、黄侃、钱玄同师弟也多供献。我们要总括地加以整理研究，已不患没有凭借了。更由文字学而推之于考古，则如王国维之以甲骨文研究古史；由文字学而推之于言语学，也可借此研究我国语言、语词、语法的古今之变、方言之殊，于标准国语的前途大有稗益，而且汉字简省笔画及罗马字母拼音诸问题，也可据以探讨。所以文字学之在今日，已由经学的附庸而蔚成大国，这新辟的园地，正待我们去种植哩!